Qualidade na prestação de serviços

Agregando valor às organizações

Dados Internacionais de Catalogação na Publicação (CIP)
(Jeane Passos de Souza – CRB 8ª/6189)

Magalhães, Marcos Felipe
Qualidade na prestação de serviços : agregando valor às organizações / Marcos Felipe Magalhães. – São Paulo : Editora Senac São Paulo, 2018.

Bibliografia.
ISBN 978-65-5536-526-9 (Venda internacional)

1. Gestão da qualidade 2. Gestão de serviços 3. Prestação de serviços 4. Atendimento ao cliente 5. Relacionamento com o cliente I. Título.

17-677s CDD – 658.562
658.812
BISAC BUS065000
BUS018000

Índices para catálogo sistemático:
1. Gestão da qualidade : Prestação de serviços 658.562
2. Clientes : Marketing de relacionamento 658.812

Marcos Felipe Magalhães

Qualidade na prestação de serviços

Agregando valor às organizações

Editora Senac São Paulo – São Paulo – 2018

Gerente/Publisher: Jeane Passos de Souza (jpassos@sp.senac.br)
Coordenação Editorial/Prospecção: Luís Américo Tousi Botelho (luis.tbotelho@sp.senac.br)
Dolores Crisci Manzano (dolores.cmanzano@sp.senac.br)
Administrativo: grupoedsadministrativo@sp.senac.br
Comercial: comercial@editorasenacsp.com.br

Edição e Preparação de Texto: Heloisa Hernandez
Coordenação de Revisão: Luiza Elena Luchini
Revisão de Texto: Daniela Paula Bertolino Pita
Projeto Gráfico, Capa e Editoração Eletrônica: Manuela Ribeiro
Imagem de capa: iStock

Editora Senac São Paulo
Rua 24 de Maio, 208 – 3º andar – Centro – CEP 01041-000
Caixa Postal 1120 – CEP 01032-970 – São Paulo – SP
Tel. (11) 2187-4450 – Fax (11) 2187-4486
E-mail: editora@sp.senac.br
Home page: http://www.livrariasenac.com.br

Sumário

Nota do editor

O Senac São Paulo, considerando o seu papel formativo e visando colaborar para que mais empresas e profissionais possam desempenhar melhor suas atividades na prestação de serviços, traz, nesta publicação, orientações práticas para avaliar e melhorar a qualidade nas mais distintas etapas de trabalho das organizações.

Nesse contexto, destaca-se a importância da empatia, ou seja, de se pôr no lugar do consumidor para perceber diferentes fatores que podem ser melhorados, a fim de gerar uma melhor experiência de consumo e, assim, criar maiores oportunidades de negócio. O autor aponta, por exemplo, o que fazer para conquistar o seu público e também como lidar com clientes insatisfeitos, a fim de solucionar os problemas em questão e recuperar o cliente e, principalmente, a imagem da empresa.

Os exemplos, as ferramentas e os modelos de gestão discutidos nesta obra permitem perceber empecilhos para o bom rendimento das atividades, corrigir possíveis problemas e manter o nível alcançado, obedecendo a um padrão de controle de qualidade. Também são apresentados os principais órgãos responsáveis pela regulação da qualidade na prestação de serviços, as certificações reconhecidas e informações sobre o que há de mais atual em termos de gerenciamento de processos.

Assim, esta publicação busca atender a questões pontuais daqueles que lidam diretamente com o público e também fornece subsídios para que gestores compreendam de forma mais ampla diferentes aspectos que tangem à qualidade nos serviços, para que possam atuar de maneira mais eficaz.

Dedicatória

Este trabalho é dedicado a todos os profissionais, professores, gestores, mentores ou orientadores que fazem cotidianamente o apostolado da qualidade e do valor como diferenciais competitivos na satisfação e fidelização de clientes.

Agradecimentos

Qualidade é uma propriedade singular, discretamente presente em tudo, e este livro foi escrito para que você conheça como cada uma dessas singularidades pode lhe ser útil. Qualidade também é plural. Ela não existe isoladamente e depende da participação de todos. Os leitores devem agradecer a qualidade deste livro à colaboração de Cynthia Azevedo, minha referência no terreno editorial, ao apoio e estímulo de Marco Aurélio Fiochi e Rose Zuanetti, do Senac Nacional, além da generosa contribuição de Edmour Saiani, da Ponto de Referência.

Atendimento ao cliente: qualidade do princípio ao fim

A forma de prestar serviços mudou muito ao longo da história. Há pouco tempo só era possível comprar verduras em mercearias ou feiras livres; hoje, os supermercados oferecem produtos perecíveis e até os entregam em domicílio. E mais: podemos também fazer as mesmas compras pelo telefone ou pela internet. Imagine a variedade de serviços que estão envolvidos nessa atividade aparentemente simples: selecionar na colheita, controlar a qualidade dos produtos, armazenar com cuidado, embalar e transportar de forma criteriosa e adequada, expor no ponto de venda, atender ao cliente, entregar e prestar serviços adicionais no pós-venda.

É sobre qualidade na prestação de serviços que vamos tratar neste livro e tudo que envolve o tema. Primeiramente, não há como falar em atendimento e serviço ao cliente sem entender alguns conceitos e significados que comportam. A definição dos termos que vamos usar aqui é essencial para a clareza e a delimitação dos contornos do tema.

Entre as várias definições de serviço encontradas nos dicionários, uma delas o caracteriza como um produto da atividade humana que tem por objetivo satisfazer uma necessidade, sem assumir a forma de um bem material. Então, podemos entender que fazer a bainha de uma calça é um serviço; tosar o pelo do cachorro e pintar um móvel também. Mas se a bainha da calça for malfeita e uma perna ficar mais curta que a outra, um aspecto crucial do serviço não vai ocorrer: a satisfação do cliente. Da mesma maneira, se o pelo do cachorro ficar com falhas e o móvel com manchas, o cliente vai reclamar. Para que o ciclo da prestação de serviço se complete, é preciso que o cliente perceba que sua necessidade foi atendida e fique satisfeito.

> **A prestação de serviços é um ciclo que começa na identificação da necessidade, passa pela realização do serviço e se completa quando a entrega satisfaz de maneira continuada ao cliente.**

Ampliando a definição do dicionário, podemos acrescentar: serviço é uma atividade humana que satisfaz uma necessidade sem assumir a forma de um bem material, que atende plenamente às expectativas do cliente (suas preferências, seus interesses, etc.). Logo, serviço envolve todos os aspectos, sensações, atitudes e informações percebidos pelo cliente.

Existem várias outras definições, mas em todas elas se consideram os serviços como atividades, benefícios ou mesmo satisfações que são postos à venda ou oferecidos em conjunto com a venda de bens.

Nessas definições, observamos outro ponto de vista: o serviço em si pode ser vendido, como uma consulta médica, ou ele pode estar associado à venda de uma mercadoria, como as revisões previstas na garantia de um carro zero.

Neste capítulo, vamos apresentar as características próprias dos serviços, que vão ampliar essa definição inicial. Aos poucos, aumentaremos nossa compreensão sobre o tema.

A qualidade é um serviço

Em geral, serviços podem ser descritos como **imateriais, efêmeros** e **experienciais** (Lovelock; Wirtz, 2006). E isso é verdade, já que não é possível comprar todos os elementos de um serviço, empacotar e levá-los para casa para consumir mais tarde. O que queremos dizer com isso? Vejamos um exemplo: onde está a materialidade do serviço de um garçom? Ora, está nos gestos, na presteza para atender aos chamados, no tom de voz, na gentileza de recordar o nome do cliente. Está, portanto, em todos esses aspectos **imateriais**, cuja qualidade se percebe no conjunto. Por isso, dizemos que serviços são intangíveis, isto é, não podem ser tocados.

Serviços também são **efêmeros**, porque são passageiros ou de curta duração. O vendedor que informa ao cliente sobre detalhes de um produto e o ajuda a decidir a compra está prestando um ótimo serviço de consultoria, rápido e pontual.

Quando afirmamos que os serviços são **experienciais**, queremos dizer que são resultado de uma vivência. Se perguntarmos a um jovem casal como era a pousada em que se hospedaram no fim de semana com os filhos, a resposta será decorrente de um somatório de experiências vividas ali. O serviço de quarto foi bom? O café da manhã foi farto? A piscina estava bem tratada? As crianças participaram das brincadeiras com os recreadores? Resumindo, a avaliação da qualidade do serviço prestado pela pousada será tão boa quanto o conjunto das experiências que a família viveu em dois dias.

Além dessas três características que acabamos de ver, serviços também podem ser classificados como **perecíveis**, **heterogêneos**, **inseparáveis** e **simultâneos**.

Na prática, a compreensão dessa definição fica mais fácil. Por exemplo, um alfaiate pode trabalhar em seu ateliê produzindo roupas sob medida; mas também pode integrar a equipe de uma loja fazendo ajustes em peças prontas. Se não houver consertos a fazer, o tempo do alfaiate que trabalha na loja é improdutivo, **perecível**. Essa característica é ainda mais evidente em um corte de cabelo. Esse serviço não pode ser armazenado para venda ou uso posterior, tampouco pode ser devolvido ou trocado em caso de insatisfação.

Uma vez que são realizados por pessoas, os resultados dos serviços são **heterogêneos**, ou seja, diferentes. Por exemplo, mesmo dispondo de um *script* na tela de sua estação de trabalho e seguindo as regras da empresa em que trabalha, o profissional de teleatendimento transmite informações ao cliente de forma personalizada. Além de variar de acordo com o profissional, o serviço também se modifica em decorrência do contexto em que é prestado: o tempo para realização, os recursos disponíveis, o estabelecimento, etc. No exemplo dado, caso o profissional precise atender a vários clientes ao mesmo tempo, tende a ser mais sucinto nas informações transmitidas do que se sua atenção estivesse voltada para um indivíduo apenas. Ainda com base no teleatendimento, supondo que o atendente queira indicar valores para diversas modalidades dos planos odontológicos oferecidos por sua empresa, ele pode informar esses preços oralmente, via contato telefônico, ou a interação pode ser enriquecida caso disponha de uma tabela e de um endereço eletrônico para enviá-la ao cliente.

Em um hotel, as reservas, o atendimento da recepção, a limpeza dos quartos e demais serviços prestados aos hóspedes não podem ser avaliados sem considerar as características físicas do estabelecimento, tais como a decoração, o tamanho das acomodações, as áreas de lazer e assim por diante. Os profissionais envolvidos nas diversas atividades desse hotel também são levados em conta. Por trás da limpeza do quarto, há o camareiro; da decoração, o decorador. Por isso, serviços são **inseparáveis**, considerados em conjunto.

Por fim, os serviços podem ser **simultâneos**, ou seja, feitos e consumidos ao mesmo tempo. A enfermeira que cuida zelosamente de um paciente está entregando seus serviços, ao passo que o paciente está se beneficiando deles. É evidente.

Em todos os exemplos que vimos até agora (e em qualquer outro que pudermos imaginar!), percebemos que serviço envolve sempre uma relação entre pessoas. Assim, revendo nossa definição inicial, o serviço deve satisfazer a demanda de um consumidor sem necessariamente assumir a forma de uma mercadoria. Ele deve procurar atender às expectativas, preferências e interesses do consumidor.

Na maior parte dos casos, de um lado, temos a figura do prestador de serviço, que representa a si mesmo ou o interesse de uma empresa; de outro, a figura daquele que solicita o serviço, que também pode estar beneficiando a si mesmo ou cuidando do interesse de terceiros.

Na relação de serviços de pessoa para pessoa, podemos citar, entre outros, o do fisioterapeuta, do cuidador de idosos, do taxista autônomo, etc. Nessa categoria, existem ainda serviços mais intangíveis, isto é, que não têm existência física, concreta, tais como o do músico, do professor, do consultor, do psicólogo, etc.

Entre os serviços prestados por pessoas que representam o interesse de empresas, temos os exemplos do frentista do posto de gasolina, do caixa de banco, do cozinheiro do restaurante, do garçom, do profissional de serviços de manutenção e limpeza, do corretor de seguros, do operador da empresa de assistência técnica, do instalador de TV a cabo e internet, do operador de teleatendimento, entre outros.

Por fim, não podemos falar de serviços sem apresentar dois atributos imprescindíveis: qualidade e competitividade. Eles são entendidos como uma atitude gerencial, isto é, para alcançar a qualidade e tornar-se competitivo, um conjunto de práticas gerenciais deve ser adotado, implementado e monitorado constantemente.

A qualidade é uma vantagem competitiva

A qualidade é um aspecto percebido como positivo e faz qualquer serviço se destacar, sendo vista, atualmente, como uma questão de sobrevivência e como condição prévia para ser competitivo.

Ao longo do tempo, obviamente, o conceito de qualidade mudou. Hoje seu foco não está somente no produto, mas também nos processos, nos serviços e nas necessidades do cliente. E quem é o cliente?

O cliente é aquele que decide a compra de um produto ou serviço. Na prática, e neste livro, os termos cliente, consumidor e usuário serão utilizados seguindo a terminologia mais comum em cada um dos setores do mercado.

Diferenciando conceitos  REFORÇO DE CONTEÚDO

Cliente

Como vimos, os serviços são realizados por pessoas físicas (indivíduos, famílias, grupos) e pessoas jurídicas (empresas, instituições, organizações). Quem presta um serviço pode ser chamado de vendedor, e quem o recebe, de comprador. O comprador também é conhecido como **cliente**.

Algumas empresas diferenciam o tratamento dado aos clientes dando a entender que as transações que realizam não são meramente comerciais. Assim, o cliente do hospital é um paciente; da escola, um aluno; do comércio, um freguês; do clube, um associado; da mídia, um leitor.

Consumidor

A partir da década de 1950, o crescimento do mercado de consumo deu-se, principalmente, em razão do aumento da produção industrial, ou seja, a maior parte das transações comerciais resumia-se à compra e venda de bens físicos (eletrodomésticos, automóveis, imóveis, etc.) e, por consequência, o termo **consumidor** passou a designar a pessoa que compra.

(cont.)

Usuário

Com o crescimento das vendas de serviços, o termo **usuário** passou a denominar quem utiliza um serviço. É aquele que tem, como o próprio nome indica, o direito de usar um produto ou serviço ou desfrutar dele. Quem compra um carro, por exemplo, é cliente da concessionária e usuário do seguro. Quem adquire uma licença de programa de computador, é cliente do fabricante e usuário do programa.

É bom lembrar que clientes são imprevisíveis. Por isso, a prestação do serviço deve ser "embalada" de acordo com as necessidades e as expectativas do cliente, isto é, conforme o que ele quer e o que ele espera também! Devemos sempre levar em conta que a perspectiva do cliente e seus julgamentos sobre o serviço são fundamentais.

Por exemplo, em uma consulta médica, de nada adianta um consultório bem decorado ou uma secretária cortês, se o diagnóstico não for correto ou o tratamento eficaz. Além disso, embora "acostumados" aos atrasos dos médicos, deixar o cliente esperando muito tempo gera ansiedade e causa percepção ruim, especialmente na primeira consulta. E nos serviços associados à venda de uma mercadoria, outro exemplo, como as revisões previstas na garantia de um carro zero, sabemos que muitos clientes prefeririam evitá-las por falta de tempo ou por considerarem excessivas. No entanto, as revisões, além de reduzirem o risco de acidentes, ajudam o cliente a se conscientizar de sua responsabilidade com a segurança no trânsito. O papel do prestador é exatamente alertar o cliente da importância desse serviço.

Por serem intangíveis e destinados a suprir às mais diversas expectativas, é difícil avaliar os serviços quanto à sua qualidade. Logo, para entender como o cliente avalia a qualidade de um serviço, é importante saber que, por trás do conceito de qualidade, há sensações, atitudes, informações e expectativas que fazem o cliente reconhecer o valor do serviço ou produto. A perspectiva do cliente é fundamental!

Em muitos serviços, como no cabeleireiro ou no táxi, o cliente está presente e sua participação é ativa. Em outros negócios, o serviço é passivo, ou seja, está embutido no produto entregue, a exemplo do cozinheiro e do enfermeiro, entre outros.

Reconhecimento de qualidade  CURIOSIDADE

Harry G. Selfridge, pioneiro do varejo britânico, fundou em 1909 uma das mais importantes lojas de departamentos de todo o mundo, a Selfridges, sediada em Londres. Na juventude, antes de se tornar um conhecido empresário, foi entregador de jornais. Ele revolucionou o comércio ao dar atenção máxima ao atendimento ao cliente. Entre as várias ideias que colocou em prática em sua empresa – e que foram copiadas pelos concorrentes –, está a de colocar a mercadoria em exposição para ser manipulada pelos clientes. Posicionou a seção de cosméticos na entrada das lojas para fazer o cliente entender que está entrando em um espaço diferenciado.

Você já deve ter ouvido o conhecido slogan "O cliente tem sempre razão". Ele se tornou popular com o surgimento das grandes lojas de departamentos, no início do século XX, mas, ainda hoje, essa frase é muito usada no comércio, para garantir que a satisfação dos clientes seja o principal objetivo das empresas.

Dar razão ao cliente significa oferecer um produto/serviço de qualidade e encantá-lo. Para tanto, algumas circunstâncias merecem atenção particular. Por exemplo, o cliente deve saber o que vai encontrar ao entrar em um estabelecimento físico ou virtual – afinal, a primeira impressão é muito importante. Quando um cliente entra em uma loja, ele espera que o vendedor seja cordial, que os produtos estejam ao alcance das mãos e dos olhos, que suas dúvidas sejam esclarecidas. A loja deve então se esforçar para atender a essas expectativas. Do mesmo modo, quando acessa um site, o cliente espera que os caminhos de navegação na página sejam bem sinalizados, que as respostas sejam acessíveis e que o retorno de eventuais dúvidas ocorra em tempo recorde. Caso contrário, o serviço – informação ou transação – não será considerado eficaz.

O cliente deve ficar satisfeito logo no primeiro contato com o estabelecimento para ter o desejo de procurá-lo novamente. E cada vez que ele retornar, a qualidade do serviço e do atendimento deve ser mantida. Só assim, com o retorno constante e as transações frequentes, será conquistada sua confiança. Se o cliente considerar a empresa uma referência no mercado, passará a recomendá-la para outras pessoas.

Todo cliente espera recompensas da empresa em que habitualmente adquire produtos. Pode ser o reconhecimento em oportunidades especiais, mesmo que seja por meio de um pequeno desconto, afinal, o slogan "Cliente satisfeito ou seu dinheiro de volta" nunca saiu da moda! Qualidade não tem relação direta com preço, mas preço tem relação direta com satisfação.

Como vimos, a qualidade é o passo inicial para a construção da competitividade, mas é o cliente que, ao perceber e reconhecer as vantagens dos serviços, decide se uma oferta é mais competitiva que outra.

Produção em série

CURIOSIDADE

Fundador da Ford Motor Company, Henry Ford foi o primeiro empresário a aplicar, na linha de produção automotiva, a montagem em série. Com esse método, conhecido como fordismo, passou a produzir, no início do século XX, automóveis em escala industrial com o mesmo padrão de qualidade.

O empenho desse industrial levou a muitas inovações técnicas e de negócios. Contribuiu decisivamente para mudar a forma como o cliente é visto pelas empresas. Antes, o automóvel era um produto de luxo, feito para a elite. Ao produzi-lo em série, Ford barateou o custo final, permitindo que esse bem se tornasse popular e acessível a um número maior de pessoas.

(cont.)

Numa época em que ainda não se tinha grande conhecimento sobre serviços, foi ele quem primeiro explorou os fundamentos da qualidade. Ford entendia que até seus funcionários poderiam ser seus clientes, e a qualidade era o serviço que ele entregava para garantir a continuidade do negócio.

A qualidade produzida em série

No princípio do século XX, as indústrias estavam fervilhando com as inovações tecnológicas, como a utilização da energia elétrica, os motores a combustão e a telefonia. Fabricavam produtos em série, isto é, padronizados e em grande quantidade. Pois foi nesse ambiente de transformações que a frase "Faça um produto melhor, que o mundo baterá à sua porta" se tornou popular.

Foi nesse cenário que se começou a refletir sobre a questão da qualidade. Em se tratando de produtos, a comparação entre eles parece ser simples, se levarmos em consideração os aspectos palpáveis: ser maior, mais resistente, mais flexível, mais leve, mais macio, etc. Mas também pode ser melhor por ser menor, menos resistente, menos flexível, mais pesado ou mais duro. Tudo depende das necessidades e especificações exigidas pelos clientes para o uso do produto.

Essencialmente, trata-se de uma questão de comparação entre atributos para gerar as vantagens percebidas pelos clientes. Os adjetivos que aplicamos aos produtos são, na maioria dos casos, passíveis de serem medidos e observados e, mais ainda, podem ser reproduzidos em série nas mesmas especificações.

O armário que você encontra na loja é o mesmo que será entregue em sua casa, ainda que não seja o que está na vitrine. O produto que está no estoque foi feito em uma linha de produção que reproduz os mesmos detalhes que o cliente escolheu. A qualidade estaria em manter um padrão.

Na prestação de serviços, não é possível aplicar os mesmos adjetivos atribuídos aos produtos e, na maioria dos casos, temos de recorrer a descrições subjetivas, que mudam de pessoa a pessoa, tais como: agradável, rápido, eficiente, dedicado, cuidadoso, entre outras de difícil avaliação.

A situação ainda é mais complexa nos casos em que a prestação dos serviços ocorre repetidamente. Os restaurantes, por exemplo, recebem clientes diariamente – muitos deles escolhem inclusive as mesmas mesas –, e o melhor que podemos esperar é a uniformidade do atendimento e a satisfação das expectativas dentro do padrão desejado.

Agora, vamos imaginar que, em vez de buscar um armário pronto na loja, você decida encomendá-lo a um marceneiro. Idealmente, você buscaria referências com outras pessoas que contrataram o mesmo serviço e que por isso recomendaram o profissional. Você procuraria conhecer o fornecedor pessoalmente, ter uma boa impressão dele e ver pronto um de seus trabalhos. Depois de especificar o que você precisa, você e o marceneiro estabeleceriam um acordo de expectativas com relação aos aspectos tangíveis do produto (medidas do espaço, materiais a serem utilizados, pintura, ferragens, etc.) e aos aspectos intangíveis do serviço (prazo de entrega, qualidade dos acabamentos, atenção aos detalhes, cordialidade na instalação e todas as outras vantagens que o levaram a fazer essa encomenda, cuja qualidade só será percebida na entrega).

Como a disseminação do conhecimento e da tecnologia para a fabricação de produtos está igualando cada vez mais a oferta, então a prestação de serviços e o atendimento ao cliente fazem a diferença para determinar a qualidade.

Se tivermos controle sobre as características inerentes ao serviço e seus atributos para gerar qualidade e competitividade, ficará evidente também que se trata de uma relação "quase" sempre entre pessoas. Pois é nessa relação que a diferença acontecerá.

Então só nos resta atualizar a frase do século passado: "Ofereça um serviço melhor, que o mundo baterá à sua porta".

Atendimento diferenciado REFORÇO DE CONTEÚDO

O bairro de Copacabana, na zona sul do Rio de Janeiro, tem uma grande quantidade de prédios residenciais ocupados por moradores adultos e da terceira idade. Se excluirmos a orla marítima, os condomínios são constituídos de muitas unidades de pequenos apartamentos, onde é comum que o síndico seja um dos moradores, geralmente aposentado.

Por conta dessa característica, uma das imobiliárias do bairro sempre adotou uma política de bom relacionamento com os síndicos, seja com a participação de pessoas atenciosas e mediadoras nas reuniões mensais, seja na explicação detalhada e transparente da prestação de contas, ou mesmo na recomendação de bons profissionais para a prestação de serviços nos problemas prediais.

Visando melhorar o atendimento ao cliente, essa imobiliária implantou um moderno sistema de computação em sua loja e criou um sistema expresso de atendimento para o pagamento das contas. As filas foram reduzidas incrivelmente, pois além da prioridade dada aos idosos e às pessoas em condições especiais, os clientes podiam optar por depositar, em urnas seguras, os envelopes com as contas a serem pagas.

Poderíamos chamar isso de qualidade de atendimento, não fosse um pequeno detalhe: os síndicos jovens (uma minoria) ficaram muito satisfeitos com a eficiência do serviço, mas aqueles que durante anos estavam acostumados a um atendimento personalizado, ressentiram da falta de contato pessoal. Alguns chegavam a procurar o proprietário e os antigos funcionários para reclamar da "frieza" do tratamento, sugerindo que talvez o negócio tivesse crescido muito para dar atenção a seu "prediozinho".

A sensibilidade da gerência e dos supervisores de atendimento detectou essa questão, e a equipe adotou uma solução: os síndicos seriam dispensados das filas de caixa, sendo encaminhados para uma sala de convivência onde, com conforto, mas sem atrativos excepcionais, eles entregariam aos funcionários suas contas e documentos e ficariam conversando à vontade, enquanto os papéis eram processados.

(cont.)

O resultado foi excepcional, merecendo cartas para a imprensa e uma atmosfera agradável para tratar de assuntos burocráticos, quase sempre maçantes. Nem sempre é possível agradar a todos, mas vale a proposta de que devemos atender diferenciadamente aqueles que são diferentes.

O que esperar dos serviços

Algumas características dos serviços são apreciadas com maior ou menor peso por diferentes clientes e pelas pessoas que os cercam. Por isso, devemos estar atentos a detalhes, como a decoração do espaço, a música ambiente, os trajes e uniformes, a variedade de opções oferecidas e outros que possam afetar as decisões de compra dos clientes e sua disposição para pagar o preço justo pelo serviço no determinado padrão de qualidade.

Todos querem ser bem atendidos. E, como atender é servir, isso leva nosso olhar para os funcionários do atendimento, porque são eles - e não apenas os funcionários da linha de frente - que materializam o contato com os clientes, que apresentam o produto. Por esse motivo, constituem peças importantes na fidelização dos clientes. Assim, não restam dúvidas de que os funcionários devem ser treinados, valorizados e motivados.

Treinamento e qualificação são altamente recomendáveis para não haver, por exemplo, falta de conhecimento sobre os serviços prestados, má execução destes ou desencontro de informações entregues aos clientes. A continuidade do processo de gestão da qualidade é sustentada por pessoas comprometidas com os resultados. O **planejamento**, a **gestão** e a **retaguarda** em busca de qualidade, portanto, deságuam no atendimento: a chamada "hora da verdade", que é a relação entre as pessoas.

O bom relacionamento com os clientes e as diversas formas de conhecimento da sua atividade são demonstrações de atendimento com qualidade para os diferentes tipos de consumidores. Os profissionais das áreas de bens, comércio, serviços e turismo que se dedicam à prestação de serviços devem saber como exercer suas atividades com qualidade e também como utilizar os recursos e as técnicas mais comuns nesse universo.

> **“A percepção da qualidade dos serviços passa, quase sempre, pela avaliação da capacitação do profissional envolvido e dos recursos e tecnologias empregados.”**

Não é possível encenar repetidamente perante os clientes. Quanto mais o prestador de serviço se esforçar para atender com qualidade, entender as exigências que terá de cumprir, conhecer as situações a que estará exposto e o que as pessoas esperam de seu comportamento, sem dúvida, mais seus esforços serão percebidos pelo cliente.

A QUALIDADE TAMBÉM É ÉTICA

Qualidade também é aquela atitude ética que não aceita que um especialista se aproveite da vulnerabilidade e da boa-fé do cliente, vendendo uma solução cara e desnecessária, quando outro serviço, menos lucrativo, oferece o mesmo resultado. As pessoas hoje estão muito bem informadas e cada vez mais exigem transparência e confiança nas relações comerciais.

O compromisso com a sustentabilidade e a inovação, com o compartilhamento dos resultados, também são atitudes éticas. É preciso que todos os fornecedores, incluindo os prestadores de serviço, estejam alinhados às exigências de um mundo altamente competitivo, onde a qualidade é a única alternativa de sobrevivência.

Questões de princípios não têm fim! São conceitos que vão além do treinamento e dos manuais e códigos de ética, que as pessoas devem incorporar em suas atitudes para que os serviços prestados sejam percebidos de forma positiva pelos clientes.

A atitude e a capacidade de interagir com os públicos, assim como a vontade de servir com dignidade, são necessárias para que o cliente reconheça a qualidade dos serviços. Deste modo, em uma relação de reciprocidade, os esforços que as pessoas fazem para atender com qualidade e "fazer a diferença" na qualidade da prestação de seus serviços também devem ser reconhecidos e recompensados com incentivos pessoais e materiais, como veremos mais adiante.

Para garantir a competitividade da empresa em defesa dos interesses de clientes e públicos diversos, o trabalho em equipe e em rede também é essencial. Todos somos responsáveis por detectar e aproveitar as oportunidades de valorizar a percepção de qualidade, por meio da diferenciação, da prestação do serviço completo e da consciência da importância do trabalho em equipe. Todos estamos comprometidos em criar valor e surpreender os clientes com inovações e serviços adicionais.

A qualidade em todos os aspectos  REFORÇO DE CONTEÚDO

Vivemos em um mundo que está se transformando velozmente, no qual as exigências de comportamento e respeito estão se incorporando ao cotidiano das pessoas. As atitudes individuais afetam o comportamento do grupo e vice-versa, de tal modo que a qualidade acaba sempre se impondo em um círculo virtuoso.

(cont.)

Em visita a uma fábrica de alimentos, fiquei impressionado com a limpeza geral daquele local. É muito comum na indústria de produtos orgânicos ou perecíveis que o ambiente de produção seja muito higiênico, com paredes fáceis de limpar e não porosas, filtros de ar, etc. Os funcionários, por sua vez, usam sapatilhas especiais, e outros cuidados são tomados para atender às exigências das autoridades sanitárias. Porém, não necessariamente o estoque e os pátios de carga recebem a mesma atenção.

Nessa fábrica, a limpeza era igual em todas as dependências, desde o escritório até as oficinas. Por exemplo, para evitar que os pátios ficassem contaminados pelos caminhões que retornavam da distribuição, tendo circulado muitas vezes por estradas não asfaltadas, foi instalado na entrada da unidade um sistema para lavagem dos pneus.

Enquanto caminhava pelas instalações, acompanhado do gerente-geral da fábrica, vi um saco de papel jogado no chão. Para minha surpresa, em vez de pedir que alguém cuidasse do assunto, o próprio gerente recolheu o saco e guardou. "Onde está a lixeirinha?", perguntei. A resposta me surpreendeu de novo: "Aqui adotamos o estilo japonês. Não tem lixeira nas áreas comuns, pois não deve haver lixo para enchê-la. Cada um guarda seu papel de bala e o leva para o lixo do setor ou de casa".

O exemplo foi dado pelo próprio líder e ilustra a atitude ética e os cuidados com a sustentabilidade do negócio. Quem age assim reflete qualidade na fábrica, no escritório, na contabilidade, nas vendas, nas relações.

A entrega de qualidade em serviços

Nos modelos de gestão atuais, ocupam lugar de destaque a prestação de serviços, a orientação para o cliente (ou foco no cliente), o papel das redes sociais e os trabalhos feitos com a participação de colaboradores externos. Tudo isso acarretou grandes mudanças no atendimento.

Vimos no início deste capítulo o conceito de serviço. Prestadores de serviços são pessoas ou empresas que oferecem serviços de qualquer espécie como atividade principal, a exemplo do comércio com ou sem lojas (varejo ou atacado); educação (creches, escolas, cursos, universidades); turismo (agências de viagens, transportes, pousadas, hotéis); entrega (correios, mototransporte); beleza (salões de tratamento estético, cabeleireiros, manicure/pedicure, *spa*, massagens); saúde (clínicas, laboratórios, hospitais, consultórios); representação comercial (vendas, teleatendimento); serviços técnicos (consertos e assistência técnica, instalações), entre tantos outros.

Para serem competitivos, os prestadores de serviço devem ter uma missão a cumprir (a razão de ser do seu negócio), uma visão (aonde querem chegar) e os valores em que acreditam (seus ideais de atitude e comportamento). A qualidade deve estar diretamente relacionada a esses três aspectos. Os prestadores de serviço devem ter também meios para rever e acompanhar regularmente seus objetivos.

Missão, visão e valores  REFORÇO DE CONTEÚDO

A definição da ideologia (missão, visão e valores) é importante em organizações de qualquer porte e deve ser de conhecimento de todos os seus colaboradores.

Vejamos um exemplo fictício:

Empresa: Sucos Naturais

- Nossa missão: industrializar sucos extraídos de frutas da mais alta qualidade, preservando ao máximo suas propriedades naturais, despertando a admiração e o interesse de investidores, colaboradores e consumidores.
- Nossa visão: ser competitivo no mercado nacional com uma proposta de agricultura ecológica, oferecendo uma opção saudável e prática para quem quer mais qualidade de vida,
- Nossos valores: sustentabilidade, respeito ao produtor rural, trabalho em equipe, proatividade, qualidade de vida, honestidade e respeito.

Hoje, uma oferta de serviço de qualidade acrescenta valor aos produtos com a prestação de serviços adjacentes e com a execução de uma ideia que incorpore a necessidade a ser atendida.

A entrega de produtos combinada com serviços pode acontecer de duas formas:

- Serviço completo (*full-service*), que é o compromisso de atender às necessidades do cliente de maneira extensa, por exemplo, na compra de um aparelho de ar-condicionado que inclui a instalação completa e a garantia estendida por determinado tempo.
- Serviço combinado (*just-in-time*), que corresponde à entrega no momento exato da utilização. Por exemplo, um restaurante que utiliza os serviços de uma cozinha externa e recebe as porções contratadas a tempo de incorporá-las às refeições que serão servidas ao público.

Em todos os casos, a entrega é a parte visível do processo, mas ela não acontece sem que antes sejam realizadas algumas etapas. Para que o atendimento de qualidade aconteça, é necessário que tenha havido o **planejamento** (como será feito) e, depois, o **controle** da execução (fazer como combinado), além de terem sido organizadas **ações de retaguarda** (quem apoia o serviço).

É importante conhecer o planejamento, entender a atividade ou negócio e quais são os efeitos de suas decisões na forma e no conteúdo dos serviços prestados, assim como saber sobre seus clientes, a concorrência e assim por diante.

Para cumprir o planejado, é preciso ter a responsabilidade de cuidar dos investimentos e dos resultados, supervisionar pessoas, cuidar do negócio considerando os compromissos com o cliente. Além disso, existem vários outros pormenores e processos que não aparecem aos olhos do cliente e sem os quais não é possível manter a qualidade esperada: a logística (a organização de vários aspectos da operação, como o transporte e o abastecimento), as questões legais e burocráticas e os diversos controles.

Esses cuidados serão refletidos em todos os momentos da entrega do serviço, na venda, em uma consultoria, no serviço do técnico, na atenção ao paciente, em uma aula ou em outras situações em que ficamos frente a frente (física ou virtualmente) com os clientes.

AS DIMENSÕES DA QUALIDADE

A qualidade não acontece por acaso, pois ela requer conhecimentos e práticas que devem ser organizados considerando-se as dimensões de processos, pessoas, tecnologia, mercado e parcerias. (Magalhães, 2012)

Por exemplo:

- A seleção adequada de fornecedores é o início do ciclo de busca da qualidade, que prossegue com as exigências de controle de custos, organização dos processos e renovação das rotinas da empresa.

- Numa empresa, os funcionários devem ser tratados com dignidade, de modo que esses mesmos cuidados se reflitam no relacionamento deles com o cliente.

- Saber fazer com eficiência não é suficiente se você não conhecer e adaptar as técnicas e as tecnologias disponíveis no mercado para agregar valor, modernidade e segurança durante toda a prestação do serviço.

- Conhecer profundamente o cliente, saber encantá-lo e conquistá-lo com uma proposta diferenciada, que satisfaça suas necessidades, é prestar serviços para alcançar a fidelização.

- Reconhecer e ser reconhecido por parceiros interessados em seu sucesso, na forma de franquias ou outras formas de associação, é exigir e entregar soluções comprometidas com um padrão de qualidade definido.

Além dessas dimensões, as transformações na prestação de serviços trazidas pelo mundo digital continuam ocorrendo nas transações em nuvem, arquivos e serviços eletrônicos, renovando os padrões de qualidade dos serviços e nos obrigando a considerar a mobilidade dos serviços e do cliente.

No século XXI, as atividades varejistas começaram a passar por significativas mudanças. Até o fim do século passado, o chamado **ponto de venda** era um dos fatores mais apreciados no comércio. Estar perto ou na passagem dos consumidores oferecia vantagens competitivas insuperáveis, até o surgimento do comércio eletrônico (*e-commerce*), que ganhou destaque por seu grande dinamismo e pela capacidade de influenciar e alterar o comportamento dos consumidores.

A expansão do comércio por meio dos meios eletrônicos revolucionou as relações de consumo e de serviços. A relação das pessoas com as indústrias passou a ser direta e, em muitos casos, sem a intermediação dos lojistas ou agentes de venda e distribuição. Graças às tecnologias móveis, as demandas por serviços complementares foram distribuídas além das barreiras de tempo e de lugar, aumentando o empoderamento dos clientes. "As mídias sociais propiciam novas experiências de consumo, maior acesso dos empreendedores ao mercado virtual e ampliam o volume de informação disponível para os consumidores." (Galinari *et al.*, 2015)

Economia compartilhada  REFORÇO DE CONTEÚDO

Denominação criada espontaneamente para inúmeros modelos de negócios disruptivos que estão sendo lançados para mudar o mercado de um serviço, a economia compartilhada introduz uma maneira diferente de comprá-lo ou usá-lo, especialmente utilizando como recurso a tecnologia móvel, desburocratizando a relação de oferta e demanda por um serviço.

A tecnologia de comunicação móvel permitiu, por exemplo, o surgimento de empresas de transporte urbano que prestam serviços de compartilhamento de bens com prestadores autônomos de serviços, que são regulados e gerenciados por uma organização baseada na qualidade da prestação de serviços.

Foi ainda a partir das possibilidades trazidas pela tecnologia móvel que surgiu o termo economia colaborativa, que é construída, gerida e distribuída sobre redes de pessoas e comunidades, em oposição a instituições centralizadas. A ideia por trás do consumo colaborativo não é nova, como ocorre nos aluguéis de apartamentos em temporadas, mas a organização desse serviço por meio da tecnologia de informação trouxe um novo propósito para cada um desses atos.

Em ambos os casos, os usuários passaram a lidar com pessoas que nunca haviam visto antes, mas o fazem pelo fato da qualidade da prestação do serviço ter sido recomendada pela plataforma de tecnologia de serviços, cuja reputação está em jogo. No mundo da tecnologia aplicada, o futuro indica um caminho em que a reputação é tão importante quanto os recursos tecnológicos, humanos, financeiros e sociais de uma organização.

Atividades

1. Para manter a qualidade do princípio ao fim no comércio de bens e serviços (inclusive os serviços virtuais), é preciso conciliar as demandas de investidores (proprietários, lojistas, empreendedores), fornecedores (de instalações, equipamentos, matéria-prima, tecnologia), força de trabalho e suas famílias (consumidores), órgãos de governo e reguladores das relações de consumo.

Faça correlações entre os estabelecimentos e serviços do quadro à esquerda com as atividades e rotinas do quadro à direita (ver exemplo a seguir).

Exemplo: *Comércio - Emissão de nota fiscal. Conflito: site da Secretaria da Fazenda do Município, responsável pela emissão do documento, está fora do ar. Nível de dificuldade: 1. Justificativa: uma vez reparado o problema no site, as notas poderão ser emitidas normalmente.*

Estabelecimentos e serviços	Atividades e rotinas
Comércio	Autorização de procedimento
Parque de diversões	Prazo de validade das mercadorias
Plano de saúde	Horário de funcionamento
Farmácia	Vigilância Sanitária
Loja virtual	Emissão de nota fiscal
Turismo aéreo	Garantias e entregas
Restaurante	Segurança de engenharia
Loja de *shopping*	Pontualidade e eficiência

Selecione uma das conexões que realizou e pense em um conflito que pode surgir dessa relação e interferir na qualidade da prestação dos serviços. Ao final, atribua um nível, de 1 a 5, para as relações/conflitos que podem ser evitados com maior ou menor dificuldade e justifique a atribuição desse valor. Nível 1 é o grau de menor dificuldade, e nível 5, de maior dificuldade.

2. Os casos apresentados a seguir trazem situações que podem ser familiares. No espaço reservado, descreva sucintamente como você agiria para intermediar interesses divergentes em cada uma dessas experiências. Procure conversar com pessoas mais experientes ou discutir com colegas e orientadores antes de formular sua resposta.

POUSADA

Está escrito no regulamento que o horário de saída dos quartos deve ser às 12 horas. Essa regra se deve, principalmente, à necessidade de tempo para as camareiras prepararem os quartos para a entrada de novos hóspedes e para não onerar a gerência com horas extras. No entanto, um hóspede pede para estender sua permanência até mais tarde, para coincidir sua saída com o horário do transporte que contratou.

SALÃO DE BELEZA

Uma senhora frequenta o mesmo salão de beleza há vários anos. Recentemente, passou a preferir que determinada profissional da casa faça o tratamento de seu cabelo. No entanto, a cabeleireira se recusa a lhe atender, pois a considera uma pessoa arrogante e sovina nas gorjetas. Como a dona do salão deve proceder para atender à cliente que gostaria de agendar horários fixos com essa cabelereira?

RESTAURANTE

Em geral, os restaurantes trabalham com as chamadas "praças", conjuntos de mesas divididas entre os garçons para garantir atendimento equilibrado. Cada estabelecimento considera ideal certa quantidade de mesas por profissional. Algumas mesas estão mais bem localizadas, considerando as condições do ambiente, e são mais atrativas para os clientes. Um dos garçons, ainda que educadamente, tem se tornado muito proativo na abordagem aos clientes que adentram o local, oferecendo as mesas de sua praça e conduzindo-os até elas. Como evitar tal constrangimento aos clientes que deveriam exercer sua escolha livremente?

LOJA

Em pleno verão, os fornecedores de aparelhos de ar-condicionado estão lutando para atender aos pedidos. Nas lojas, os clientes fazem fila para garantir sua peça, mas o estoque não dá conta. Um dos vendedores – o mais bem-sucedido – revela que, para não perder vendas, promete prazos de entrega que sabe que não serão cumpridos. Isso acaba gerando muito descontentamento dos clientes com a loja e até queixas no Procon. Como fazer esse vendedor entender que sua postura é prejudicial ao negócio?

A sociedade, as organizações e os indivíduos

Consolidado nos últimos cinquenta anos, o processo de industrialização e urbanização de países em desenvolvimento, como o Brasil, contribuiu para formar uma classe média de assalariados que passou a consumir bens e serviços. Em razão da renda relativamente alta desses trabalhadores, era grande sua exigência de qualidade na prestação de serviços.

No Brasil, a internacionalização da economia se tornou mais evidente a partir da década de 1980, embora o país já viesse sofrendo transformações econômicas três décadas antes. Muitas empresas multinacionais foram atraídas para o país, principalmente as indústrias de bens de consumo duráveis (automóveis e eletrodomésticos).

A partir da década de 1990, o país passou por mudanças profundas na estrutura industrial. No entanto, como muitas pequenas e médias empresas não receberam apoio técnico nem financeiro para acompanhar essas transformações, até hoje uma das principais dificuldades enfrentadas pelos empreendedores brasileiros é a falta de uma política de qualidade em serviços e produtos que aumente a competitividade dos negócios.

Atualmente, é cada vez maior a integração econômica entre os países, isto é, a produção e a distribuição de bens e serviços dentro de redes em escala mundial. Com isso, sua qualidade também é comparada em nível mundial. O comércio internacional apresenta menos barreiras, à medida que avançam as tecnologias de informação e da comunicação. A internet permite que todos avaliem a qualidade de serviços e produtos. Informações, comentários e críticas de qualquer natureza, postados em redes sociais e sites específicos, passaram a interferir nas tomadas de decisão das empresas e das pessoas.

Como viver e trabalhar bem nessa nova ordem mundial, nesse ambiente competitivo, globalizado e internacionalizado?

Para responder a essa questão, é preciso fazer uma reflexão sobre a sociedade em que queremos viver, o tipo de empresa em que queremos trabalhar e as recompensas que devemos esperar por nossos esforços.

> **Uma das principais dificuldades enfrentadas pelos empreendedores no país é a falta de uma política de qualidade em serviços e produtos que aumente a competitividade dos negócios.**

Para começar, é importante conhecer conceitos como ética e sustentabilidade e também questões ligadas ao meio ambiente, à evolução humana e aos princípios e ideais de uma sociedade que se preocupa com o desenvolvimento econômico e social.

É preciso entender também como se organizam as empresas que buscam ser duradouras, inovadoras e orientadas para resultados num mundo altamente competitivo. Saiba por que, para elas, a qualidade é a única alternativa de sobrevivência.

Sustentabilidade e responsabilidade social

Tido como modelo de desenvolvimento que visa equilibrar aspectos econômicos, sociais e ambientais, a sustentabilidade tem por objetivo propiciar condições de inclusão social, de estabilidade econômica e de preservação dos recursos da natureza. Trata-se de um conceito que tem sido frequentemente associado ao meio ambiente, mas que ganhou um sentido mais amplo, abrangendo as dimensões econômicas e sociais que afetam a continuidade de um negócio.

A sociedade está aprendendo a cobrar a recompensa por sua contribuição ao sucesso das empresas. Para aumentar a qualidade na prestação de serviços à sociedade, portanto, as organizações têm tomado várias iniciativas. Sua atuação lembra muito o que acontece quando uma pedra é atirada em um lago, gerando ondas que se espalham do centro para as bordas. As margens representam a sociedade (a comunidade, o governo e os órgãos reguladores, como Procon, Agência Nacional de Saúde Suplementar, Vigilância Sanitária, a opinião pública e os organismos e ativistas internacionais).

Uma empresa sustentável não é aquela que apenas cumpre leis e age com ética e responsabilidade. Em seu planejamento, deve levar em conta os interesses de todos, tentando equilibrá-los tanto quanto possível, a fim de satisfazer as expectativas dos segmentos envolvidos.

De acordo com o Reputation Institute, líder mundial em consultoria sobre reputação corporativa, a qualidade dos serviços e as práticas organizacionais hoje estão baseadas em cinco fundamentos:[1]

---

1 Adaptação do conteúdo discutido na XII International Conference on Corporate Reputation, Brand, Identity and Competitiveness, realizada em 2007, em que se promoveu o debate em torno do tema *branding* sensorial e seu papel no envolvimento do consumidor a partir dos cinco sentidos.

1. Politicamente correto: pensar no bem coletivo e no interesse comum.
2. Ecologicamente adequado: considerar os efeitos da produção para o meio ambiente e sua capacidade de recuperação.
3. Economicamente viável: admitir que, ainda que o lucro não seja o sentido da vida empresarial, sem ele não há sobrevivência.
4. Socialmente justo: os resultados devem ser distribuídos na proporção da contribuição e da necessidade de cada uma das partes interessadas.
5. Culturalmente aceito: as atividades e recompensas devem expressar o conjunto de padrões, valores, costumes e crenças representativas dos grupos sociais.

Lembre-se de que:

- não é possível sobreviver em uma sociedade que não sustente seus valores;
- não é sustentável uma empresa que não preserve seus recursos;
- não existe futuro se as pessoas não conseguem planejar a preservação de recursos.

A qualidade e a competitividade dos serviços, que garantem a sobrevivência a longo prazo das empresas, interessam a pessoas, grupos ou organizações, que chamaremos de **partes interessadas (PI)**.

Você já deve ter ouvido falar de *stakeholders*, termo em inglês muito utilizado nas áreas de comunicação, administração e tecnologia da informação. Ele se refere a pessoas ou grupos relevantes para um planejamento estratégico ou plano de negócios, ou seja, as partes interessadas.

Até a década de 1980, as empresas davam muita importância aos acionistas – aqueles que detinham as ações (em inglês, *shareholder*) –, e o lucro era a principal razão dos negócios. Esse tipo de gestão ficou conhecido como gestão financeira, isto é, o sucesso da empresa era medido quase exclusivamente pelo lucro.

O modelo de gestão responsável, surgido posteriormente, engloba o conceito de sustentabilidade. Nele surgiu a denominação *stakeholder*: aquele que pertence à base de sustentação de uma empresa ou organização e também aquele que está disposto a correr riscos para obter recompensas.

Simplificando, podemos chamar de *stakeholders* ou partes interessadas todos aqueles que, de algum modo, estão envolvidos ou são afetados pela atuação de um negócio de qualquer espécie.

No comércio de bens e serviços, as PI mais fáceis de identificar são os investidores (proprietários, lojistas, empreendedores), os fornecedores (de matéria-prima, instalações, equipamentos, tecnologia), a força de trabalho e suas famílias, os consumidores, os órgãos de governo e as agências reguladoras das relações de consumo.

E o que as PI exigem das empresas?

- O exercício da cidadania, a valorização da ética e a preservação da cultura do ambiente em que a empresa atua.
- O respeito ao meio ambiente e o uso consciente dos recursos da natureza.
- A observância dos compromissos com o desenvolvimento humano e a contribuição social na área de atuação do negócio.
- A responsabilidade e a contribuição econômica e fiscal.

Como contribuir para um mundo melhor

Exercício da cidadania – respeitar a cultura local, a família, as crenças e as diversidades se configura como grande exercício de cidadania. Nossas atitudes não devem ofender o estilo de vida das pessoas. Participar de maneira positiva de eventos e datas que celebrem os valores da sociedade em que você vive reforça o espírito cidadão.

(cont.)

Honestidade não é virtude, é obrigação. Agir corretamente, de modo consciente, e não por medo de ser pego fazendo algo errado, deve ser uma conduta para a convivência social. A ideia de "levar vantagem" é malvista em todos os sentidos e por todos os segmentos da população.

Respeito ao meio ambiente - cuidar do meio ambiente é mais do que se preocupar com as geleiras do Polo Norte. Envolve também pequenos cuidados que devemos ter com nosso comportamento pessoal, com nossas comunidades e nos negócios. Reduzir o consumo de supérfluos, economizar água e energia elétrica, separar e reciclar materiais são atitudes que devem ser incorporadas e disseminadas. Conscientizar aqueles que estão ao nosso redor também é uma boa prática.

Podemos reivindicar que nossos governantes invistam em segmentos como o turismo ecológico, para preservar a natureza e fazer, literalmente, bons negócios.

Mesmo os pequenos negócios podem organizar programas de cuidados ambientais. Essa iniciativa traz muitas vantagens, como a redução de impostos e uma boa imagem perante o mercado e consumidores.

Compromisso com o desenvolvimento humano - a qualidade de vida na comunidade, o ambiente social do entorno e o desenvolvimento humano são fatores determinantes para o sucesso de qualquer empreendimento.

Desenvolvimento humano significa ampliação das escolhas das pessoas, para que elas tenham capacidade e oportunidades de ser aquilo que desejam. Entre as dimensões básicas do desenvolvimento humano estão o saneamento, a educação e a saúde.

Os investimentos em serviços públicos e a prestação de serviços privados nessas três áreas geram resultados multiplicadores. Participar de iniciativas que possam contribuir para o coletivo, como centros educacionais do comércio, da indústria, de saúde e de tecnologia, também é uma ação que demonstra compromisso com o desenvolvimento humano.

Responsabilidade econômica e fiscal - a qualidade está diretamente relacionada às responsabilidades com as PI em um negócio. Pagar impostos, taxas e contribuições é uma obrigação. Ao honrar esse compromisso, temos o direito de cobrar do governo segurança, infraestrutura, organização política, ordem social, transportes e exigir que os gastos e investimentos sejam feitos com qualidade, eficiência e transparência.

O Vale da Eletrônica

ESTUDO DE CASO

Município do sudoeste de Minas Gerais com cerca de 40 mil habitantes, Santa Rita do Sapucaí é conhecido como o Vale da Eletrônica, por conta dos centros educacionais, indústrias e dos serviços disponíveis na cidade.

O desenvolvimento de Santa Rita do Sapucaí está ligado a Sinhá Moreira (1907-1963), que entrou para a história como uma visionária ao apostar no potencial tecnológico de sua cidade, em uma época em que o país ainda priorizava a "vocação" agrícola. Ela fundou, em 1959, a primeira escola técnica da América Latina, a Escola Técnica de Eletrônica Francisco Moreira da Costa, semente do Vale da Eletrônica.

Segundo contam os historiadores locais, Sinhá Moreira identificou a necessidade de uma escola de formação na cidade, para que "os moços não fossem para as cidades grandes, e as moças ficassem sem poder casar".

Por trás dessa afirmativa aparentemente ingênua, estava uma grande sabedoria. Seus gestos e iniciativas criaram a base de uma nova ordem social, que gradativamente se instalou na cidade e provocou profundas transformações na cultura local.

O ambiente favorável e a atração dos jovens pelas novas oportunidades na cidade favoreceram a criação do Instituto Nacional de Telecomunicações (Inatel), em 1965, e o Centro de Ensino Superior em Gestão, Tecnologia e Educação (FAI), em 1971.

Atualmente, o desenvolvimento do polo está ligado ao ensino de eletrônica, telecomunicações, informática e administração de empresas, tendo como principais características o empreendedorismo e o incentivo à inovação tecnológica.

A cidade tornou-se um dos principais polos de tecnologia do Brasil, sendo o exemplo mais equivalente, no Brasil, ao Vale do Silício, nos Estados Unidos.

Aproximadamente 150 empresas constituem o arranjo produtivo local (APL) eletroeletrônico, que gira em torno da base de conhecimento do Instituto Nacional de Telecomunicações (Inatel), um centro de excelência em ensino, pesquisa, desenvolvimento e inovação de tecnologias globais. Ao todo, essas empresas empregam cerca de 10 mil pessoas.

Fonte: O Vale da Eletrônica: história de Santa Rita do Sapucaí. Em *Portal Sindvel*. Disponível em http://www.sindvel.com.br/o-vale-da-eletronica/historia-de-santa-rita-do-sapucai. Acesso em 16 mar. 2016.

A empresa que queremos construir

Em uma empresa que presta serviços, existem partes interessadas que os empregados podem até não ver, mas sabem que existem: acionistas, diretores, gerentes, supervisores, fiscais, colegas de trabalho de outras unidades operacionais, parceiros externos, equipes do site e do teleatendimento, clientes e fornecedores. Todos têm expectativas a serem satisfeitas.

Do ponto de vista da gestão, o que as PI devem exigir dos prestadores de serviços?

- A demonstração do aumento do valor do negócio, com evidências de crescimento e sustentabilidade.
- A preservação do patrimônio e a garantia de lucro, com ética e transparência na prestação de contas.
- O cumprimento das metas traçadas no planejamento da empresa como produto dos esforços de todas as partes envolvidas.
- A construção de reputação, do reconhecimento da importância do negócio e percepção de seu padrão de excelência por parte dos parceiros, colaboradores internos e externos, clientes e fornecedores.

E as expectativas dos empregados?

Eles querem ter recompensas, financeiras ou não, ou seja, reconhecimento, retribuição pelo que fazem.

Então, como promover situações em que ambos os lados saiam satisfeitos?

O foco de todos deve ser atender com qualidade. Na prestação de serviços, há quatro níveis de ação para atuar com qualidade: planejamento, gerência, operação e atendimento. Veremos mais detalhadamente cada uma dessas dimensões no próximo capítulo.

DEMONSTRAÇÃO DO AUMENTO DO VALOR DO NEGÓCIO

O número de unidades (lojas, pontos de venda), a quantidade de clientes, os acessos ao site, a margem de lucro e o faturamento total são alguns dos indicadores que determinam o valor de um negócio.

Nas organizações não lucrativas, o foco está na capacidade de sustentar a si mesmas e no cumprimento da missão que justifica sua existência.

A quem interessa o cumprimento da missão da empresa e/ou sua saúde financeira? Qualquer empresa que pretenda se sustentar a longo prazo depende de como os esforços e recursos que foram investidos são reconhecidos e retribuídos. E os resultados interessam em primeiro lugar à empresa, que corre riscos, e em segundo lugar a todas as PI.

PRESERVAÇÃO DOS BENS

Nas empresas prestadoras de serviços, deve existir um equilíbrio entre os recursos físicos (instalações, equipamentos, etc.) e os recursos humanos (as pessoas), que são necessários para a entrega dos serviços. Por exemplo, uma frota de entrega depende do número de caminhões e da equipe de motoristas e ajudantes. Ambos os recursos requerem folgas, substitutos e reservas. Logo, a sustentabilidade econômica dessa frota consiste em dimensionar corretamente o nível de serviço a ser prestado, de modo a deixar o cliente satisfeito.

CUMPRIMENTO DAS METAS OPERACIONAIS

Um fator determinante para o cumprimento de metas na prestação de serviços é a definição de estrutura disponível, como a quantidade de vendedores que devem estar em seus postos e o tempo de espera em filas antes do atendimento.

As metas devem ser mensuráveis, atingíveis e realistas, ainda que ambiciosas. O grau de dificuldade deve ser compartilhado com a equipe. Por exemplo, nos hotéis, a taxa de ocupação nos períodos de alta temporada pode ser vital para os resultados operacionais do ano.

CONSTRUÇÃO DA REPUTAÇÃO

Um negócio só sobrevive a longo prazo se tiver boa reputação e se os problemas ambientais, sociais ou éticos forem minimizados, bem como os de atendimento e qualidade. Fortalecer a reputação é, portanto, uma prioridade para aqueles que se preocupam com a longevidade e a lucratividade de seus negócios e também com a entrega de valor às PI e aos clientes.

A reputação é construída e percebida por pessoas. Então, as empresas de serviços, em que as relações acontecem entre pessoas, têm de formar parcerias duradoras com clientes, fornecedores, acionistas e outras PI.

Recompensas pelos esforços individuais

A contribuição da gestão de pessoas para o sucesso de um negócio pode ser notada e medida, especialmente com o aumento da importância dos serviços.

As pessoas são extremamente importantes para aumentar a competitividade dos serviços, desde que cada indivíduo, em qualquer posição no organograma da empresa, desenvolva suas atividades de acordo com padrões de qualidade definidos e sinta-se responsável e participante na equipe em que atua.

Mas como os resultados da empresa são compartilhados com os funcionários? Em geral, as pessoas são informadas do que se espera delas, mas raramente os planos de negócios contam com indicadores de recompensas para os funcionários.

Não se pode atribuir exclusivamente aos gestores de pessoas a responsabilidade de conseguir um clima organizacional que afete positivamente a qualidade dos serviços. Como veremos mais adiante, a qualidade dos serviços também depende da melhoria dos processos (por exemplo, dos prazos de entrega), de uma cultura organizacional orientada para o cliente, do apoio e da atualização tecnológicos, do orgulho pelos produtos oferecidos e da qualidade dos relacionamentos com parceiros e nas redes sociais.

Para garantir a qualidade dos serviços prestados, é necessário pagar salários justos aos funcionários e investir num programa de desenvolvimento pessoal. Afinal, em um atendimento, o cliente consegue perceber se o ambiente de trabalho é satisfatório ou não.

A qualidade dos serviços, portanto, está diretamente relacionada à satisfação das pessoas envolvidas nos quatro níveis de ação já citados: planejamento, gerência, operação e atendimento.

O que os funcionários podem esperar como recompensa por seus esforços na produção de serviços de qualidade? A remuneração não é medida apenas em dinheiro e benefícios. Na verdade, é um conjunto de recompensas que são apreciadas, avaliadas e equilibradas individualmente para os colaboradores diretos ou prestadores de serviços individuais.

Na avaliação comparativa de uma oportunidade de trabalho, tanto o empregador como o empregado devem considerar os seguintes aspectos:

- **Remuneração:** o valor em moeda, que deve estar relacionado com as funções, os compromissos, a capacitação e a dedicação individual.

- **Participação no sucesso:** dinheiro ou outra forma de compensação, como bônus, prêmios.
- **Desenvolvimento pessoal:** o interesse da empresa no desenvolvimento pessoal, educacional e profissional dos colaboradores.
- **Qualidade de vida:** a preocupação sincera da empresa com o ser humano, zelando por sua segurança, saúde e equilíbrio entre o trabalho e a vida pessoal.

REMUNERAÇÃO

Segundo Clarence Francis, que dirigiu a empresa General Foods nas décadas de 1930 e 1940:

> Você pode comprar o tempo de um homem; pode comprar sua presença física em determinado lugar; pode até comprar certa medida de seus hábeis movimentos musculares por hora. No entanto, não pode comprar o entusiasmo [...] não pode comprar a lealdade [...] não pode comprar a dedicação do coração, da mente e da alma. Essas coisas devem ser conquistadas (Clarence Francis, *apud* Zig Ziglar, 2005, p. 87 - tradução nossa).

Dinheiro não compra tudo nem supre a falta de mais recompensas para colaboradores, prestadores de serviço, fornecedores e outros indivíduos que contribuem para a cadeia produtiva de serviços. A remuneração, portanto, deve ser justa e considerar o grau de especialidade, o nível de competência, a dificuldade intelectual da atividade e o esforço físico exigido.

PARTICIPAÇÃO NO SUCESSO

Todos gostam de ver o próprio esforço reconhecido. Esse reconhecimento pode ser um resultado financeiro (bônus e comissões), ou premiações (folgas e viagens), ou outras formas não monetárias (participar da equipe campeã, ser o funcionário do mês, ter a citação de autoria de um projeto). A sensação de pertencimento e empoderamento - delegação de poder de decisão, autonomia e participação aos funcionários - também é uma forma de reconhecimento.

DESENVOLVIMENTO PESSOAL

O consultor Edmour Saiani, fundador da consultoria carioca Ponto de Referência, diz que as empresas, em alguns casos, temem investir em treinamento por medo de perder funcionários que foram capacitados. Porém, elas correm mais riscos não treinando os que permanecem na empresa, fazendo malfeito. [*Leia entrevista no fim do capítulo* 5.]

As empresas precisam promover o crescimento e a empregabilidade de seus integrantes por meio de educação e treinamento. Para isso, devem instituir programas para expandir as capacidades individuais, visando assim desenvolver competências técnicas e habilidades comportamentais.

QUALIDADE DE VIDA

A questão da mobilidade, envolvendo o tempo e as dificuldades de deslocamento casa-trabalho-casa, é uma das primeiras questões a se pensar quando o tema é qualidade de vida no trabalho. Atenta a isso, a legislação trabalhista define que acidentes ocorridos no caminho entre a casa e o trabalho devem ser cobertos pelas empresas.

Outro aspecto da qualidade de vida no trabalho diz respeito ao ambiente físico (condições de conforto e ergonomia, temperatura, higiene e limpeza), além do esforço físico exigido, da intensidade das rotinas e do nível de estresse.

Os horários de trabalho em regime de plantão, o trabalho noturno e outras formas de atuação devem ser considerados na medida dos sacrifícios. Por exemplo, trabalhar em *shopping centers*, que inclui jornada nos fins de semana, é um sacrifício maior para quem tem família que depende da atenção do funcionário.

A segurança física não deve ser delegada apenas à Comissão Interna de Prevenção de Acidentes (Cipa). É responsabilidade de todos. O trabalho insalubre não pode ser compensado com dinheiro, pois, a longo prazo, não há valor que remunere ao trabalhador a falta de comprometimento das empresas em corrigir as condições que tornam o trabalho pouco saudável.

Atividades

Este capítulo foi pensado para ajudar você a entender melhor as questões de qualidade exigidas pela sociedade, os compromissos que você deve equilibrar com todas as partes interessadas da empresa e as recompensas que as pessoas esperam.

Vamos para a prática?

1. Na página 43, o texto aponta: "No comércio de bens e serviços, as PI mais fáceis de identificar são os investidores (proprietários, lojistas, empreendedores), os fornecedores (de matéria-prima, instalações, equipamentos, tecnologia), a força de trabalho e suas famílias, os consumidores, os órgãos de governo e as agências reguladoras das relações de consumo". Faça uma lista de todos os agentes que podem interferir na qualidade dos serviços de um supermercado e classifique por ordem de importância esses agentes.

____

____

____

____

____

2. Imagine as seguintes situações:

- O vendedor de uma grande loja de departamentos atende a um cliente insatisfeito com as regras de entrega do aparelho de som que comprou.
- O operador de telemarketing de um plano de saúde atende a um cliente irritado por não ter recebido autorização para realizar uma cirurgia.
- O fiscal de trânsito orienta um motorista agressivo sobre a limitação de acesso a uma rua em razão de obras de melhoria realizadas pela prefeitura.

Como os prestadores de serviço deveriam agir na mediação desses conflitos?

3. Revisite os compromissos das organizações com as partes interessadas que foram abordados ao longo deste capítulo. Quais compromissos podem interferir na qualidade dos serviços? Classifique os que podem ser cumpridos com maior ou menor grau de dificuldade.

Gestão de serviços: do planejamento ao atendimento

Como vimos, prestadores de serviços são aqueles que oferecem serviços de qualquer espécie como atividade principal ou acessória, isto é, associados à venda de um produto. Para se destacar e ganhar vantagem competitiva, é preciso entregar o serviço conforme a necessidade e a expectativa do cliente e de acordo com o que foi planejado. É a percepção de satisfação do cliente que vai determinar se o serviço é um sucesso ou não.

Antes de iniciarmos a definição conceitual das quatro fases da qualidade na prestação de serviços (planejamento, gerência, retaguarda e atendimento), vejamos um exemplo prático de como a preocupação com a qualidade faz a diferença na produção de uma das preferências nacionais, a telenovela.

A telenovela de olho na qualidade
1º CAPÍTULO

A telenovela é um produto nacional que todos conhecem e apreciam, até no exterior. Hoje se pode falar sem medo de errar na existência de uma indústria da telenovela, cujo produto os brasileiros consomem fascinados e é exportado para países como México, Japão e Portugal. O negócio de contar histórias aos pedaços deu certo.

Como todo campeão de vendas, esse produto passa por um processo equivalente ao de outros produtos e serviços para ter uma aceitação absoluta. Técnica e tecnologia avançadas, como as cidades cenográficas, autores e elenco de primeira linha, tudo em busca da excelência e da atenção do telespectador. No Brasil, desde a década de 1970, a produção de uma telenovela é operada como um negócio – com estruturas técnica e administrativa, marketing, indicadores de medição (de audiência, por exemplo) e controle de qualidade – que precisa ser bem gerido.

Partindo de uma sinopse, a produção da novela começa com as equipes de criação e de técnicos – desenhistas, cenógrafos, figurinistas, diretores de arte, iluminadores, etc. –, cuidando de reproduzir o universo que está na imaginação do autor. Dos ambientes em que se passa a história à descrição dos personagens, seus hábitos e costumes, até os docinhos e salgadinhos "de mentira", tudo é discutido levantando-se as necessidades de cada área. Até aqui, tudo está no papel. O importante é dimensionar corretamente o trabalho, as pessoas e o uso racional dos recursos.

De olho nos custos, criam-se as planilhas de cenas externas e de estúdio. Durante meses, monta-se, grava-se, desmonta-se, com o estúdio funcionando como se tudo fosse de verdade. No controle está o diretor da novela com sua equipe de assistentes. Nos bastidores, além de alguns profissionais que já mencionamos, há ainda os câmeras, sonoplastas, continuístas, eletricistas, cabeleireiros e muitos mais. Afinal, a atração vai estar no ar por uns oito meses e nada pode faltar.

Por fim, a novela estreia para o público. Está pronta, mas não acabada, porque será escrita, gravada e aferida diariamente. Até o último capítulo, ajustes e mudanças são feitos de acordo com a opinião pública. Um dos mecanismos de ajuste são os grupos de discussão formados por telespectadores de perfis diversos. Dessa forma, todos participam do que vai acontecendo na novela. É este um dos segredos de seu sucesso: o telespectador também é ouvido, e sua opinião é importante o bastante para alterar até o roteiro. Enquanto isso, os produtores esmiúçam os erros e aprendem com eles, pois a melhoria da qualidade (o índice de audiência alto) tem que acontecer no dia seguinte. (Alencar, 2002)

As fases da qualidade na prestação de serviços

Como dissemos, há quatro fases para obter qualidade na prestação de serviços: **planejamento**, **gerência**, **retaguarda** e **atendimento**. Todas são importantes, e a quebra ou a redução do padrão de qualidade em uma delas afeta a percepção da qualidade total pelo cliente. Como prestador de serviço, você poderá atuar em uma ou mais delas, por isso é importante conhecê-las bem.

Oncotô? Quemcossô? Oncovô?  REFORÇO DE CONTEÚDO

Conta-se, em Minas Gerais, que um indivíduo caiu da boleia de um caminhão e, ao assentar a poeira da estrada, ainda não refeito do susto, fez três perguntas, com aquele sotaque característico: 1) Oncotô? 2) Quemcossô? 3) Oncovô?

Essas perguntas revelam muito mais sabedoria do que pode parecer à primeira vista. Quando se está perdido, é muito justo perguntar "onde estou", para, depois de uma autoavaliação, conseguir responder "quem sou" e, finalmente, definir o "aonde vou", daquele momento em diante.

Essa também é a sequência de perguntas que devem ser respondidas na hora de planejar um negócio. Com as respostas para essas simples e sábias questões, formulamos a solução do problema a partir de outra pergunta: "Como vou?". Mas não sem antes resolver um dos dilemas que mais afligem os empreendedores: alguns preferem permanecer onde estão, em vez de enfrentar novos desafios, ou só se movem quando conseguem reduzir ao mínimo os riscos e dispõem de uma avaliação segura de "quanto vou ganhar".

E qual seu papel em uma organização prestadora de serviço? Seja o empregado, seja o gerente, seja o empreendedor, você precisa entender o que os clientes esperam de você.

Uma porção relevante da percepção da qualidade do serviço depende do contato entre pessoas, e como elas são vistas pelos clientes e outras partes interessadas (as PI, que aprendemos no capítulo anterior). Para o cliente, não importa falar com o proprietário, o gerente ou o empregado. Basta ter contato com alguém que resolva o problema.

PLANEJAMENTO

É o momento de questionar e encontrar respostas. Qual é sua atividade ou seu negócio? Como suas decisões podem afetar os serviços prestados? Qual é seu público-alvo? Quem influencia as decisões dele? Quem são os concorrentes e como eles reagirão a suas iniciativas? Com que frequência você se encontra com seus clientes? Como você pensa em seu projeto em termos de tempo: no mês que vem, em um ano, ou mais adiante?

Vamos por partes. Se você trabalha, por exemplo, na área de turismo, o que você precisa saber e quais decisões deve tomar?

Não importa se é uma modesta hospedagem ou um grande complexo hoteleiro, é necessário dispor de um conjunto de informações para planejar e definir o padrão de qualidade, a competitividade e a excelência dos serviços.

É importante também conhecer e descrever as características do mercado, identificar o potencial de compra da região, isto é, quantas pessoas estão dispostas a comprar e quanto estão dispostas a pagar pelo serviço, e definir o padrão de qualidade compatível com esse potencial para poder aproveitar todas as oportunidades. Existem vários mecanismos e métodos para fazer essas estimativas.

Se for um novo negócio, como um restaurante ou uma loja, qual será a melhor maneira de você atuar no atendimento? Caso seja uma franquia ou uma parceria, existem regras de comportamento a seguir? Dependendo do tamanho desse empreendimento, quais são os controles que você deverá atender?

A atuação dos concorrentes é outro fator que impacta a qualidade de sua oferta. Se já existe muita gente atuando em um determinado segmento, identifique um diferencial e seja "melhor" em algum quesito. Se é um negócio pioneiro, o atendimento precisa explicar aos clientes como as coisas funcionam. A qualidade do serviço protege contra novos concorrentes, estabelecendo "o mais alto padrão".

O planejamento também é a etapa em que se define se a oportunidade vale para todos os tipos de clientes ou para certos grupos específicos, como um salão de beleza especializado em cabelos étnicos. É ainda nesta etapa que se deve pensar em como se comunicar com os clientes e definir quais são suas expectativas, para poder satisfazê-las.

O que foi planejado, por exemplo, para agradar a dona de casa que vai ao supermercado? Deverá ser observada a qualidade da refrigeração para manter o produto em boas condições e o estoque disponível para que haja variedade na hora da compra, sem comprometer o prazo de validade e em porções razoáveis. Além disso, é importante lembrar que a cliente ainda ficará atenta ao serviço entregue considerando a organização e a limpeza da prateleira, além da seleção dos fornecedores.

A telenovela de olho na qualidade
2º CAPÍTULO

Na produção da telenovela, também existe a hora de planejar e a de transformar uma fantasia em realidade. Personagens são descritos. Cenógrafos, figurinistas, diretores de arte e assistentes começam a desenhar. Nascem os lugares onde a história vai ser contada, e os atores são escalados. Disso tudo, surgem as demandas e necessidades de cada área, de cada projeto especial, que terão de ser atendidas no decorrer das gravações.

GERÊNCIA

Imagine um casal de estudantes que visita uma padaria que serve produtos para consumo no local. O que esses clientes entenderão como serviço? Entre outras coisas, valem a montagem de sanduíches, a espessura das fatias, molhos especiais, a variedade de frios e a experimentação, além do conforto e da conveniência.

Em que aspectos se pode observar a gerência nessa situação? O responsável pela gerência deve se certificar, entre outras questões, de que a quantidade de funcionários é suficiente para não gerar filas, que o processo de montagem da comida obedece a uma determinada padronização e que o tempo de espera para o atendimento dos clientes é uniforme.

À gerência cabe cuidar dos investimentos planejados, da execução das tarefas e dos controles. Suas tarefas também abrangem a supervisão de pessoas, o controle, a organização e a prestação de contas dos negócios, considerando os compromissos com todos os envolvidos: tudo isso é atribuição da gerência.

E se um dia um funcionário virar gerente, ou o gerente decidir ser seu próprio patrão, a coisa muda? A resposta é sim outra vez, mas as responsabilidades crescem nesses casos. No ramo hoteleiro, por exemplo, em pousadas, é comum ter um gerente residente, que muitas vezes é também o proprietário do estabelecimento. Não é fácil conviver diariamente com a rotina de trabalho incorporada à vida pessoal, mas é o que costuma ocorrer com os pequenos empresários, os gerentes e até mesmo com os funcionários que "vestem a camisa".

No comércio também encontramos vários exemplos de revezamento entre empresários e gerentes. Esse convívio é muito saudável e deve ser encorajado quando possível. O empresário e o gerente contratado, em muitos casos, podem ser a cara e a coroa da mesma moeda, em que um pode agir como se fosse o outro. Para ambos, gerenciar significa a responsabilidade de organizar, controlar e manter o padrão de qualidade desenhado no planejamento, sem o qual os objetivos se perdem e o negócio se desgoverna.

Algumas redes de supermercado continuam recebendo visitas regulares de seus fundadores. Os bons gerentes não se assustam quando essas visitas ocorrem, mesmo que de surpresa. Eles já sabem quais serão os padrões de qualidade, competitividade e excelência que serão observados: as verduras frescas, a boa apresentação dos produtos, a reposição de itens nas gôndolas, a limpeza e iluminação do ambiente, o tamanho das filas e o entusiasmo e a cordialidade dos funcionários, entre outros.

Sempre chega a hora de ir para o escritório olhar os números de desempenho, do negócio e das pessoas, e valerão, para os fundadores da rede de supermercado, as mesmas perguntas que um empreendedor de menor porte terá de fazer: como está o atendimento? Alguma reclamação de cliente? Alguma oportunidade a aproveitar? Onde melhorar para conquistar mais clientes? Os funcionários estão trabalhando com satisfação? Como estão as faltas e, caso ocorram com frequência, por que motivo? Após essas perguntas, os números de venda e de custo devem ser analisados.

Sam Walton, um dos homens mais ricos do mundo que fez sua fortuna no varejo de artigos gerais, foi perguntado certa vez sobre crise, e respondeu: “Já ouvi falar que ela existe, mas resolvi não participar”. Esse é o mesmo empresário que gerencia suas lojas se preocupando com seus funcionários e servindo de exemplo, ele mesmo trabalhando com afinco no atendimento dos clientes.

A telenovela de olho na qualidade
3º CAPÍTULO

Na produção da telenovela, o gerente de produção elabora o roteiro de gravações e lida diretamente com o autor (já que a novela vai sendo alterada de acordo com o gosto do telespectador) e com os diretores para atender às determinações da empresa. Negocia e administra os recursos necessários para as gravações e apoia o planejamento do trabalho das várias equipes de produção e seu funcionamento. A caprichada produção se reflete na relação do telespectador com a novela.

RETAGUARDA

Muitas batalhas na história do mundo foram decididas por falta de suprimentos para os soldados na linha de combate. Como fazer chegar comida para a tropa? Quanto combustível é necessário para movimentar os caminhões? Que sistema de comunicação será utilizado para comandar a movimentação das coisas? Da mesma forma que nas batalhas, essas e outras questões também fazem parte do cotidiano dos negócios em quase todos os ramos de serviços.

Estamos falando do *back-office*, termo em inglês para retaguarda, também conhecida como apoio ou "detrás do balcão". É a combinação de logística - a organização dos detalhes -, dos controles e dos assuntos legais e burocráticos, processos que não aparecem para o público externo, mas sem os quais não é possível operar nem manter a competitividade e a qualidade.

Uma pousada, por exemplo, não pode funcionar sem um sistema de reservas. A previsão da quantidade de quartos a serem ocupados ajuda, mas não determina o número de pessoas que deverão ser empregadas no período contratado pelos hóspedes. Se um funcionário faltar, seu serviço deverá ser coberto por outro, pois o quarto tem de estar disponível para o hóspede com a qualidade prometida. Isso é tarefa da retaguarda.

O restaurante da pousada, que tem um cardápio planejado para o café da manhã e eventualmente refeições, precisa estar seguro de que os pedidos poderão ser atendidos. Mas isso só ocorrerá se a retaguarda funcionar, ou seja, se os ingredientes tiverem sido comprados e os alimentos estiverem em bom estado de conservação.

É de responsabilidade da gerência verificar se a retaguarda está funcionando da forma esperada, cuidando para manter um quantitativo adequado de pessoal empregado para atender às exigências do nível de serviço[1] contratado pelos clientes.

Vejamos: se o tamanho da equipe deve variar na alta ou baixa temporada, essa decisão é responsabilidade do planejamento. À retaguarda cabe contratar e capacitar essas pessoas para ter a quantidade certa de funcionários.

Vamos a outro exemplo: um rapaz quer organizar uma pequena festa para os amigos em casa e visita uma delicatéssen para comprar os itens que deseja servir. O que você considera importante na retaguarda dessa situação? Em geral, ao se dirigir a uma loja especializada, os clientes buscam maior variedade de produtos e marcas e também um aconselhamento para sua compra.

O vendedor de uma loja com essas características tem de conhecer as opções e a origem dos produtos, sugerir as quantidades recomendadas de cada tipo de frios para um certo número de pessoas e, ainda, como combinar as ofertas.

---

1 O Acordo de Nível de Serviço (ANS ou SLA, do inglês Service Level Agreement) descreve os compromissos do prestador de serviço, suas metas, os papéis e responsabilidades de cada um no atendimento adequado às necessidades dos clientes.

O vendedor poderá também exibir uma tábua de frios montada para impressionar o rapaz que dará a festa e mencionar a facilidade de transporte e praticidade para servir em casa que esse produto oferece.

E por que o planejamento, a gerência e a retaguarda têm de estar alinhados? Para garantir a qualidade na próxima fase: o atendimento.

A telenovela de olho na qualidade
4º CAPÍTULO

TELENOVELA

Na telenovela, o assistente de produção de estúdio é quem informa à equipe e ao elenco as marcações do script e transmite as orientações dos diretores pelo fone de ouvido. É ele quem verifica se está tudo certo para o início da gravação e entrega o set pronto em termos operacionais. O continuísta, por exemplo, fica atento a todos os detalhes de continuidade das gravações. Ele indica a sequência de roupas, cabelo e maquiagem dos atores a cada cena. Sua responsabilidade com o produto final – a cena gravada – é muito grande. Isso sem falar no pessoal da equipe artística, como os iluminadores, os operadores de áudio e VT: eles cuidam permanentemente da qualidade técnica e artística. Nada pode faltar. Nada pode falhar.

ATENDIMENTO

O atendimento compreende todos os momentos da entrega de um serviço, a venda, uma atividade de consultoria, a recepção do hotel, a assistência técnica, a consulta médica, uma aula, o teleatendimento e outras situações em que ficamos frente a frente, física ou virtualmente, com o cliente.

Também se considera atendimento a evidência de que o cliente, mesmo sem contato direto com o prestador de serviço, reconhece a qualidade do serviço prestado: uma cama bem-arrumada reflete o atendimento da camareira; um prato bem-apresentado mostra a qualidade dos cozinheiros; a instalação correta de um aparelho ou o conserto de um carro são serviços prestados indiretamente, que contribuem de modo significativo para a percepção da qualidade, competitividade e excelência dos serviços.

Alguns autores defendem que a Teoria da Qualidade Total (Carlzon, 2005) está diretamente relacionada com o atendimento ao cliente. Vejamos alguns princípios dessa teoria:

- Em um negócio, todos devem saber da importância do cliente.
- O atendimento é responsável pela primeira impressão, que é a que fica.
- O atendimento deve ter autonomia para tomar algumas decisões, a fim de resolver os problemas dos clientes.
- Um negócio muito burocratizado não terá "flexibilidade" diante do cliente.
- Numa empresa que é voltada para o cliente, em todas as atividades – do planejamento à gerência com os recursos providenciados pela retaguarda –, a delegação de poderes deve chegar aos que estão na base.
- A comunicação deve se dar em ambos os sentidos no organograma vertical da empresa: de cima para baixo e vice-versa.
- O atendimento deve contribuir com o planejamento para descobrir o que os clientes realmente querem e as melhores estratégias para satisfazê-los.
- Se a empresa não estiver entregando o que os clientes esperam, trate de mudar! Ou os clientes se mudam!
- O vendedor na porta da loja, o atendente no balcão de recepção, o enfermeiro na emergência do hospital, a equipe da secretaria da escola: são as pessoas que dão personalidade às empresas, criando diferenciais ao negócio.
- É para os primeiros momentos de atendimento que as empresas precisam se planejar. Somente depois surgem as oportunidades de relacionamento.

Num mundo em que a comunicação com os clientes se multiplica de várias formas e em diferentes meios, é preciso ficar atento a todas as oportunidades de atendimento e, principalmente, aprender a equilibrá-las em um mesmo padrão de qualidade.

E o que aconteceria se os clientes quisessem que os produtos fossem entregues em domicílio? O que seria observado como serviço, além dos produtos em si? A velocidade e o compromisso com o prazo de entrega, a apresentação dos produtos e sua embalagem ao chegar ao destino, a correção do pedido e a cobrança nos valores combinados.

Habilidade e cordialidade também não podem faltar. Como se pode constatar nas colunas de jornais e revistas que publicam queixas de consumidores e clientes, muitas pessoas deixam de consumir um produto ou serviço depois de terem sido mal atendidas, e grande parte acredita que as empresas não se esforçam para melhorar seu relacionamento com os consumidores.

Em cada uma das situações acima, o cliente pode ter tido experiências opostas. Em uma, ele adorou sua experiência; em outra, não gostou e nem vai voltar.

Há lugares que só de lembrar já dão água na boca. E outros em que o cliente não quer voltar, mesmo sem saber bem o porquê. É a sensação de acolhida ou de rejeição que conta. A isso se chama experiência completa de consumo.

É quando se utiliza do apelo aos sentidos (visão, audição, olfato, paladar e tato) para, por meio da emoção causada, conquistar e encantar os clientes.

A telenovela de olho na qualidade
5º CAPÍTULO

O contato direto com o público de uma novela é feito por quem? Pelos atores. São eles que vão encantar o telespectador, fazendo o melhor que podem e sabem em cena. Fazem um público heterogêneo e imenso rir e chorar, indignar-se, aplaudir, torcer. Na tela, atores corporificam todas as etapas da criação e da produção da novela, e os valores de seus dirigentes.

Há cada vez mais semelhanças entre produtos e serviços, e o que acaba fazendo a diferença é a experiência do atendimento, que pode gerar níveis mais altos de satisfação do consumidor.

Na vida real, "a hora da verdade" funciona, e a experiência é algo fundamental para o sucesso dos negócios. O atendimento, o ambiente e todos os detalhes são importantes. Serviços exigem trabalho.

Assim, não podemos afirmar que a vida imita a arte. Mas que prestar um bom serviço é uma arte que exige planejamento, gerência, retaguarda e atendimento, isso é certo!

Atividades

Os exemplos apresentados neste capítulo foram pensados para ajudar você a entender melhor as questões da qualidade em serviços, desde o planejamento, passando pela gerência, cuidando da retaguarda e finalmente chegando ao atendimento. Seguida corretamente, essa sequência gera maior competitividade e excelência para alcançar a satisfação dos clientes.

Vamos para a prática?

Considere as perguntas incluídas na explicação da fase de planejamento (p. 58) como um roteiro para pensar em um negócio que você queira desenvolver ou no qual deseja se empregar.

1. Como funcionário, gerente ou empresário, é preciso conhecer os pontos de controle que determinam a percepção de qualidade e competitividade em seu ramo de atividade. Quais são os aspectos a serem observados regularmente para avaliar a qualidade da gerência?

2. Releia as explicações sobre atendimento (p. 64) e descreva quais são os pontos de contato, as entregas e as evidências físicas, diretas e indiretas, que podem ocorrer no negócio que você quer desenvolver ou no qual deseja trabalhar. Como melhorar a percepção de qualidade no atendimento?

3. Descreva como o negócio que você quer desenvolver ou no qual deseja trabalhar pode ser percebido por ser uma experiência de consumo completa para o cliente.

Atendimento pessoal: qualidade prometida e garantida

Para conquistar e fidelizar o cliente, é preciso alcançar a excelência no atendimento e torná-la duradoura. Afinal, o que diferencia um fornecedor da concorrência, além de sua oferta, é o relacionamento com o cliente. Isso significa construir e adotar uma cultura de atendimento com excelência para todas as partes interessadas dentro da empresa. Assim, cria-se o hábito de atender bem, gerando negócios e satisfação de forma cíclica e crescente.

A literatura a respeito da prestação de serviços enfatiza que conhecer o cliente é fundamental para um bom atendimento. Não há como cativar o cliente, agradá-lo e satisfazer expectativas e necessidades sem conhecê-lo bem. Precisamos conhecer suas preferências, gostos e interesses, ou seja, todos os aspectos que possam influenciar o consumo.

Uma das ações decisivas no relacionamento com o cliente é observar suas reações e seu modo de se comportar. Cada pessoa reage de maneira diferente a uma abordagem. Logo, identificar a maneira como seus clientes reagem é fundamental para cativá-los e estabelecer com eles um relacionamento duradouro.

Alguns clientes são diretos e objetivos e não querem perder tempo. Outros gostam de conversar sem pressa de obter resultados, e há aqueles que são metódicos e desejam informações detalhadas. Na verdade, há diferentes tipos de clientes, da mesma forma que são diversas as personalidades das pessoas. Para cada um, uma abordagem, um tratamento. Se você se esmerar em fornecer muitas informações para os que são diretos e objetivos, provavelmente vai irritá-los. No entanto, esse é o tratamento adequado a um cliente metódico.

Essa intenção de conhecer o cliente e tratá-lo de acordo com suas observações a respeito de si próprio é o primeiro passo para um atendimento diferente do usual. E esse é o diferencial no qual vamos nos aprofundar aqui.

Já dissemos anteriormente, mas é sempre bom relembrar que serviços são realizados por pessoas físicas (indivíduos, famílias, grupos) e pessoas jurídicas (empresas, instituições, organizações). Quem presta um serviço pode ser chamado de vendedor, e quem o recebe, de comprador. O comprador também é conhecido como cliente.

Vimos também que algumas empresas diferenciam o tratamento dado aos clientes para expressar que as transações que realizam não são meramente comerciais. Assim, o cliente do hospital é um paciente; da escola, um aluno; do comércio, um freguês; do clube, um associado; da mídia, um leitor.

A noção de cliente está associada a quem adquire um produto ou serviço com certa frequência, mas também existem os clientes ocasionais. Em todo caso, é bom frisar: clientes são imprevisíveis e volúveis.

As quatro "tias" da comunicação face a face

REFORÇO DE CONTEÚDO

- No campo das relações interpessoais, quatro palavras – **apatia**, **antipatia**, **simpatia** e **empatia** – definem alguns comportamentos das pessoas. Elas apresentam o mesmo sufixo (*tia*), que vem do grego *pathos* e significa *emoção*.
- Apatia é a falta de emoção, entusiasmo e motivação (*é a tia indiferente, que não contribui para o bom atendimento*).
- Antipatia é uma vibração negativa, que provoca repulsa e aversão. Está diretamente relacionada à maneira rude de tratar uma pessoa, provocando seu afastamento (*é a tia desagradável, de quem a gente não gosta*).
- Simpatia é uma vibração positiva, que encanta e cativa. É atraente, pela maneira simples, sincera e delicada de tratar uma pessoa com naturalidade e satisfação (*é a tia agradável, de quem a gente gosta*).
- Empatia é a capacidade de se colocar no lugar do outro e intuir o que ele está sentindo (*é a tia que ouve a gente e entende nosso estado de espírito*).

Imagine então que na cantina de uma escola temos as quatro *tias*. A primeira fica sentada no banquinho, e os alunos precisam insistir para serem atendidos por ela na compra de suas balinhas.

A segunda atende à turma com certa arrogância e adota um procedimento preguiçoso para vender 100 gramas de bala. Põe um recipiente na bandeja e atira uma quantidade exagerada do doce. Para atingir a quantidade desejada, ela vai retirando o excesso, o que causa uma frustação no comprador, que vê com olhos arregalados o volume ser reduzido à sua frente.

A terceira *tia*, para atender ao mesmo pedido, separa uma quantidade pequena de balas e vai acrescendo mais algumas, para satisfação do cliente que vê sua porção "gulosa" aumentar, e ainda dá um "chorinho" (uma pequena porção extra).

A quarta *tia* entrega o saquinho para o aluno pôr na balança e depositar a quantidade que deseja até que se sinta satisfeito.

Você consegue identificar quem são as quatro *tias* na cantina dessa escola? Perceba como a qualidade dos serviços é substancialmente alterada pelo relacionamento de cada uma delas com os alunos. Por qual delas você gostaria de ser atendido?

Empatia

Aqueles que lidam diretamente com pessoas precisam desenvolver especialmente essa habilidade, a empatia. E não é tarefa fácil. Trata-se da capacidade de se identificar com outra pessoa, de sentir o que ela sente, de querer o que ela quer, de apreender as coisas do modo como ela apreende.

Essa é a habilidade que devemos desenvolver para definir o perfil de um cliente e, com base nele, surpreendê-lo, superar suas expectativas, isto é, encantá-lo. Para definir esse perfil, devemos nos colocar no lugar do cliente e olhar tudo com seus olhos, a partir de sua perspectiva. Quanto mais detalhes observarmos em seu comportamento e mais informações conseguirmos coletar para tentar apreender seus interesses e suas necessidades, mais completo será o perfil e maiores as chances de acertar em nossa oferta.

Ao desenvolver a empatia, você se relacionará melhor com seus clientes, porque saberá a forma como pensam, o que valorizam e o que vai ou não agradá-los. A comunicação será muito mais assertiva, pois você vai se dirigir a eles da forma como querem ser tratados. E saberá identificar os desejos de cada um, facilitando o atendimento e a resolução de problemas.

É bom lembrar que a maioria dos clientes hoje sabe mais sobre as empresas e seus produtos ou serviços do que podemos imaginar. Eles pesquisam na internet sobre a empresa e o material, comparam com outras marcas e preços, olham os sites de reclamação e conversam com outras pessoas que compraram ou deixaram de comprar o item. Então, nada melhor do que tentar traçar logo o perfil desse potencial cliente.

O que devemos levar em conta quando nos comunicamos com uma pessoa ou um grupo de pessoas? Quais características emocionais precisam ser administradas na apresentação para venda de um serviço? Qual a ferramenta de que dispomos para trabalhar o domínio dessa situação?

De todas as ferramentas, a mais importante é a **precisão empática**, apresentada por Goleman (2006): "Na psicologia atual, a palavra 'empatia' tem três sentidos distintos: conhecer os sentimentos do outro; sentir o que o outro sente; reagir com compaixão ao sofrimento do outro". A precisão empática, segundo o autor, permite ainda decifrar a metamensagem (intenção e estado de espírito), por meio de expressões faciais.

Quanto mais precisão empática o vendedor tiver, maiores as chances de oferecer um bom atendimento. Ao conseguir interpretar o que o cliente está sentindo, é possível orientar o assunto para o objetivo predeterminado. Mas não basta seguir um roteiro, é preciso desenvolver a capacidade de sentir as emoções do outro.

Observar para compreender  REFORÇO DE CONTEÚDO

Um supervisor de vendas de uma indústria com atividades no varejo decidiu treinar sua precisão empática acompanhando sua mulher nas idas ao *shopping*. Em vez de agir como marido "aborrecido", ele aproveitava para observar, a distância, as pessoas conversando nas lojas. Como não era possível ouvir as conversas, ele procurava observar as expressões faciais e os gestos dos compradores e vendedores. O exercício consistia em tentar imaginar o estado de espírito de ambos na conversa. Estavam discutindo ou concordando? Estavam felizes ou tensos? O espírito era de camaradagem e solução ou de conflito e desinteresse?

O resultado foi que, segundo esse supervisor, sua vida profissional melhorou, bem como seu relacionamento em casa, já que sua mulher passou a elogiar seu espírito compreensivo. Pura empatia!

Quando apresentamos um serviço e o cliente não entende, nem sempre a questão está no produto em si, mas na incapacidade do vendedor de "ler" as reações do interlocutor. Ocorre que muitos profissionais não treinam essa habilidade, que pode ser desenvolvida com técnicas apropriadas para melhorar a capacidade de comunicação.

Muitas vezes uma pessoa fala algo com intenção sincera – "Esta roupa lhe caiu muito bem" –, e o outro entende de modo completamente diferente: "Deve ser a mercadoria que ele quer me empurrar". Isso ocorre quando nenhuma das partes consegue se expressar corporal e facialmente, tem dificuldade para entender o que estão transmitindo e, portanto, para transmitir também. É preciso treinamento adequado e interesse em aprender.

Mapa de empatia – a perspectiva do cliente

REFORÇO DE CONTEÚDO

Desenvolvido pela empresa de consultoria Xplane (http://www.xplane.com/), o mapa de empatia é uma ferramenta desenvolvida para descrever o perfil de uma pessoa ou de um grupo de pessoas. Esse perfil pode ser utilizado em campanhas de marketing, no desenvolvimento ou na melhoria de produtos ou para tomadas de decisão na empresa.

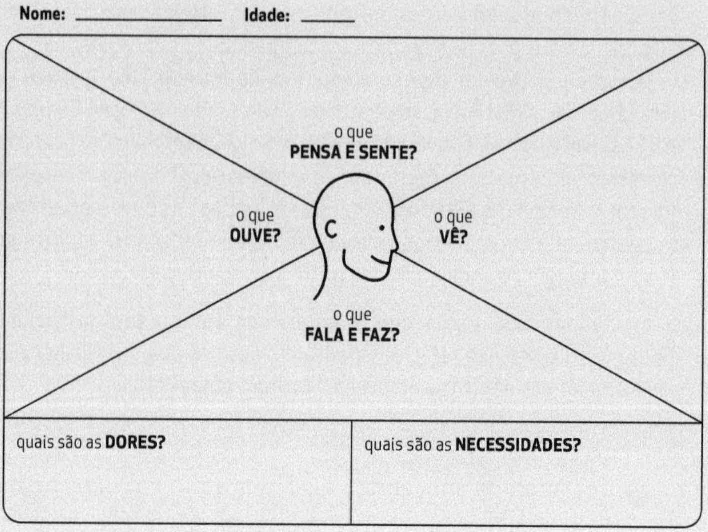

Nome: ______________ **Idade:** _____

o que **PENSA E SENTE?**

o que **OUVE?**

o que **VÊ?**

o que **FALA E FAZ?**

quais são as **DORES?**

quais são as **NECESSIDADES?**

Figura 1 - Mapa de empatia.

Adaptado de Kayo (2013).

(cont.)

Respondendo às questões de cada tópico na ilustração e enriquecendo--as com detalhes, é possível construir o mapa e obter um perfil do cliente que pode nos dar uma noção de como ele é. Com o tempo e aprimorando esse perfil, podemos ter um profundo conhecimento dessa pessoa.

A seguir, exemplos de perguntas que podem ser feitas em cada tópico:

O que meu cliente vê?

- Como é o mundo em que ele vive?
- Como são as pessoas que o rodeiam?
- O que ele admira?
- Que detalhes ele valoriza no produto?

O que meu cliente ouve?

- Quais são as pessoas, ideias ou canais de mídia que o influenciam?
- Como se comportam suas marcas preferidas?
- Quem são seus ídolos?
- Quem ou o que ele escuta ao escolher o produto?

O que meu cliente pensa e sente?

- Como ele se sente em relação à vida?
- Com o que o preocupa e por quê?
- Quais são seus sonhos, ambições, expectativas?
- O que ele pensa e sente ao consumir o produto?

O que meu cliente fala e faz?

- O que ele costuma dizer?
- Como ele costuma agir?
- Quais são seus passatempos, esportes favoritos?
- Sobre o que gosta de conversar?

Quais são as dores do meu cliente?

- Quais são suas dúvidas, dificuldades, medos e obstáculos?
- O que lhe causa frustração ou decepção?
- O que o impede de adquirir o produto?
- O que ele mudaria no produto?

(cont.)

Quais são as necessidades do meu cliente?

- Do que ele precisa para se sentir melhor?
- O que ele quer alcançar?
- O que tem feito para ser feliz?
- O que poderia surpreendê-lo ao consumir o produto?

Esses são alguns exemplos. Com base em sua experiência, experimente acrescentar perguntas que você mesmo faria para enriquecer o mapa de empatia e, consequentemente, o perfil de seu cliente.

Satisfação garantida

Imagine uma situação em que você construiu o mapa, traçou o perfil de seu (potencial) cliente, identificou seu estilo, adotou a abordagem correta e conseguiu persuadi-lo a comprar seu produto ou contratar seu serviço. Ponto para você!

Mas não para por aí. Precisamos saber se o cliente ficou realmente satisfeito com sua aquisição. A satisfação do cliente depende de como ele percebe o desempenho do produto ou serviço adquirido e o compara às suas expectativas. De modo geral, a satisfação é a reação positiva dessa comparação, e a insatisfação é a reação negativa.

Basicamente, são dois os níveis de satisfação do cliente:

- Cliente insatisfeito: o produto ou serviço ficou abaixo das expectativas e das necessidades dele, possivelmente porque estava fora dos requisitos ou porque as informações previamente divulgadas não correspondiam à realidade. É preciso corrigir essa situação, pois clientes insatisfeitos nem sempre voltam para reclamar, mas fazem propaganda negativa.

- Cliente satisfeito: o produto ou serviço atendeu às suas expectativas e necessidades, estava dentro dos requisitos, e profissionais preparados e motivados o atenderam bem. Esse cliente permanecerá com a empresa até encontrar alternativa melhor.

Mas será que podemos fazer alguma outra coisa para alcançar níveis mais altos de satisfação e fidelizar o cliente?

Podemos **encantar o cliente**. A ideia é que o produto ou serviço ultrapasse suas expectativas, ofereça diferenciais competitivos, e que ele seja atendido por profissionais competentes e motivados, que se superam para prestar o melhor serviço. O cliente encantado vai divulgar e recomendar sua marca.

Como encantar os clientes  REFORÇO DE CONTEÚDO

A vontade de encantar o cliente precisa estar em todos os níveis da empresa, não apenas no atendimento ou no departamento de vendas. Ela vem do líder e é disseminada por todos os setores. Do primeiro ao último contato com o cliente, e depois dele, em todas as ações, o mesmo objetivo: a busca incessante pela excelência.

Na lanchonete

A família entra com muita excitação na lanchonete. O pai recolhe os pedidos da garotada e traz uma bandeja repleta de sanduíches, batatas-fritas, refrigerantes e *milk-shakes*. Sem querer, uma das crianças atabalhoadamente derruba seu *milk-shake*. Que tragédia, seguida do choro da criança! O gerente da loja, percebendo que foi um acidente, prontifica-se a repor a perda, sem custo para a família. Todos agradecidos, com a calma restabelecida, ficaram encantados com a atitude do gerente e o serviço cortês do estabelecimento.

(cont.)

Utilizando o seguro de automóvel

Ela era uma motorista cautelosa, com um histórico excelente de comportamento no trânsito. Um momento, uma distração, a freada brusca do carro à frente e bum! Acaba provocando uma batida, danificando a frente do automóvel. Lamentar não é solução, e felizmente o veículo estava segurado. Uma ligação para o corretor e começam os procedimentos. A instrução é precisa: o outro veículo deveria se dirigir a um posto de inspeção. Ela, levar o carro a uma concessionária. Ah! Mas iria custar a franquia mínima. Iria, se o corretor não tivesse o cuidado de encantar a cliente. Com o histórico impecável da motorista, a franquia foi reduzida a zero, e o corretor garantiu a fidelidade da cliente com seu serviço de qualidade.

Na viagem de primeira classe

Era época de férias, quando os voos estão sempre cheios. O passageiro chega para fazer seu check-in e recebe a notícia de que seu assento no avião seria em uma categoria acima da que foi comprada. Ele foi selecionado, entre tantos outros passageiros, por ser um viajante frequente. Assim, a companhia aérea conseguiu surpreender o cliente, recompensando-o com um serviço de qualidade superior.

Consertando o telefone celular

Imagine você perceber que seu telefone móvel não está funcionando como você esperava, e ainda ter de ir a uma loja especializada para resolver o problema. Na primeira loja visitada, o parecer do especialista piorou a situação, com a notícia de que o conserto sairia por uma centena de reais. O usuário resolveu pesquisar preços para esse serviço e, em uma segunda loja, ficou surpreso ao ser informado que o telefone não tinha defeito (!!!!) e que bastava uma reconfiguração, que foi feita gratuitamente. Resultado? Além de um cliente satisfeito, a loja honesta teve um aumento considerável de clientes por conta de uma postagem, muito compartilhada, em sua rede social, na qual o nosso feliz usuário contou para a comunidade de amigos o episódio e a atitude do fornecedor.

Seis passos para o atendimento eficaz

Podemos afirmar que o atendimento eficaz - aquele que promete e garante qualidade - vai além da entrega. Seis atitudes podem contribuir para que o atendimento ao cliente seja eficaz:

CRIE EMPATIA

Vimos que as pessoas são diferentes em estilos, crenças, experiências e na maneira de analisar as coisas. É importante identificar o estilo de seu cliente para adaptar a comunicação e "sintonizar" na mesma frequência, entendendo seus sentimentos e trazendo melhores resultados ao relacionamento. Trate o cliente como você gostaria de ser tratado. Ponha-se no lugar dele e tente perceber como ele sente e entende.

INSPIRE CONFIANÇA

É importante que o cliente se sinta seguro em relação a você e perceba que sua atenção, presteza e compromisso o levarão onde deseja estar. Nunca prometa o que não pode cumprir. Conhecer bem o produto é fundamental, mas, se não souber responder a uma questão, diga honestamente que não sabe e busque a informação correta. Tentar responder sem segurança pode acabar com sua credibilidade e, consequentemente, com a venda.

IDENTIFIQUE NECESSIDADES

É fundamental para um bom atendimento saber o que o cliente quer. Para isso, você deve aprender a fazer perguntas poderosas. Essas podem ser:

- Abertas: gerais, para que o cliente possa dar mais informações sobre seu perfil e o que procura.

- Fechadas: específicas, para delimitar o produto/serviço buscado e suas especificidades.
- Sintéticas: para certificar-se sobre os principais pontos conversados e identificar o produto/serviço que vai atender melhor à expectativa do cliente.

Ouvir atentamente o cliente (em silêncio, repetindo pontos importantes e apreendendo a mensagem) facilita o processo de coletar informações sobre suas necessidades e de definir como você vai ajudá-lo.

APROFUNDE-SE NO ASSUNTO

Faça perguntas-chave: "O quê, especificamente?"; "Por que você acha que isso ocorre?"; "Quem?"; "Quanto será necessário...?"; "De que forma...?"; "Como você imagina que...?"; "O que você sugere?".

Se estiver bem preparado e atento, a probabilidade de você conseguir construir um bom relacionamento é grande. Um diálogo rico pode não resultar numa venda imediata, mas renderá sentimentos positivos que poderão levar o cliente a voltar. O momento do atendimento cria a oportunidade para que o cliente confie no vendedor e se sinta bem. Isso pesa na balança, na tomada de decisão do cliente.

COMPROMETA-SE A PRESTAR O MELHOR ATENDIMENTO

Munido das informações colhidas nas etapas anteriores, você está pronto para oferecer produtos e serviços que atendam a necessidades específicas. Mas concentre-se para oferecer soluções que agreguem mais valor a seus clientes, prevendo possíveis falhas antes que elas aconteçam. Cumpra a palavra e não surpreenda com mudanças no decorrer do processo, por exemplo, quanto ao prazo de entrega ou ao preço. Deixe tudo bem claro desde o início e garanta que tudo sairá conforme o combinado. Se possível, mantenha seu cliente a par de todos os passos. Isso é compromisso e deve ser notado por ele.

ACOMPANHE

Muitos clientes abandonam um fornecedor porque sentem que a empresa não se importa com eles ou com seu negócio. Acompanhar seu cliente significa manter o relacionamento e cultivar negócios futuros, assim como acompanhar o processo além da entrega. Procure saber se o cliente ficou satisfeito. Descubra maneiras de entrar em contato e ser lembrado; por exemplo, deixando uma mensagem gentil sobre a chegada de um produto ou para saber se ele precisa renovar seu estoque. O contato pós-venda também é uma forma de entregar mais do que foi acordado. E essa atitude, como vimos, ajuda na fidelização do cliente.

Ouvir e escutar são a mesma coisa?  REFORÇO DE CONTEÚDO

Ouvir é perceber os sons; e escutar é ouvir com atenção. Escutar requer que interpretemos e assimilemos o que ouvimos.

Um dos requisitos mais importantes para atender com qualidade é saber dar atenção ao que o outro fala. Escutar é uma arte que pode ser aprendida. Seguem algumas dicas:

- Mantenha a mente aberta, e não faça julgamentos;
- Aceite as expressões e os sentimentos do outro, tanto positivos quanto negativos;
- Não responda com impulsividade aos sentimentos expressos;
- Perceba os detalhes: tom de voz, fluidez do discurso, pausas, vacilações, construção das frases;
- Observe a linguagem não verbal (postura, expressão facial, gestos, olhar, respiração);
- Seja acolhedor, humano e autêntico em todos os momentos.

(cont.)

Uma das formas de mostrar a importância e o respeito que você dá ao que o cliente está dizendo e o entendimento sobre a questão é resumir o que ele disse e pedir para que confirme. Se houver divergência, solicite mais esclarecimentos.

Veja como você pode demonstrar que está genuinamente prestando atenção:

- Mantenha contato visual constante;
- Faça gestos que indiquem entendimento (como balançar a cabeça) e interesse no assunto;
- Não interrompa nem mude de assunto de repente;
- Evite demonstrar impaciência (brincar com uma caneta, olhar o relógio); mantenha-se relaxado.

O que fazer com um cliente insatisfeito

> **“Você quer clientes que reclamem? SIM! Se eles não voltarem para reclamar, sinal de que foram comprar em outro lugar e dirão aos amigos para não comprarem com você. O feedback desses clientes ajuda a prevenir problemas e acrescentar melhorias. Encoraje os clientes a reclamar quando encontrarem um problema.”**

Dificilmente um cliente voltará à loja para dizer que não ficou satisfeito, mas contará isso para outras pessoas. Portanto, um cliente que retorna com uma queixa não deve ser visto como um incômodo. Não discuta com ele, exponha seu ponto de vista com educação, assuma a responsabilidade se houver alguma falha, não dê desculpas e aja para corrigir a situação.

Seguem algumas dicas para lidar com um cliente insatisfeito:

1. Não esqueça: o cliente tem sempre razão.

2. Controle suas emoções sem levar a insatisfação do cliente para o lado pessoal. Ele tem todo o direito de estar irritado, e você precisa compreender seu ponto de vista; ponha-se em seu lugar, seja empático.

3. Inspire confiança e aja com ética e eficiência.

4. Ouça o cliente com atenção. Deixe-o dar vazão aos sentimentos. Demonstre que você está compreendendo o que ele diz, fazendo um resumo de seu relato. Confirme seu entendimento. Se precisar, faça perguntas com o objetivo de identificar todos os pontos que faltam para compreender o que ocorreu.

5. Diga ao cliente o que será feito para resolver a situação. Se você não souber solucioná-la, explique todos os passos do que você se propõe a fazer e estipule um prazo para isso. Se possível, tente solucionar o problema antes desse prazo, para surpreender o cliente e demonstrar que você realmente se importa com ele.

6. Dada a solução, acompanhe o encaminhamento. No fim, verifique se o cliente ficou satisfeito. Encontre um modo de manter contato com esse cliente. Por exemplo, mantenha uma base de dados e envie um e-mail ou telefone a ele algum tempo depois. Pergunte sobre o desempenho, certificando-se de que o problema não voltou a ocorrer.

Características do profissional que sabe encantar

A empatia e a habilidade para lidar com pessoas são determinantes para a qualidade, não só no trabalho como na vida. Saber relacionar-se com o outro facilita muito a vida em sociedade.

Muitas empresas hoje procuram formar seus quadros com profissionais não só competentes, mas também cooperativos, isto é, profissionais tecnicamente qualificados, mas que estejam acima de tudo dispostos a colaborar com a equipe de trabalho. Hoje o mercado valoriza os profissionais que se mostram capazes de resolver problemas por meio do diálogo e oferecem soluções inovadoras.

Com os olhos voltados para o futuro, o profissional que sabe encantar deve estar disposto a aprender sempre coisas novas e jamais achar que sabe o suficiente. Mais do que nunca, é hora de abrir o leque de competências. É preciso sair da zona de conforto e não se acomodar! Prepare-se para uma gestão consciente de seu conhecimento e para assimilar novas competências. Há cursos disponíveis, presenciais e a distância, para todos os níveis de formação.

Para atender aos novos padrões de consumo em mercados altamente competitivos, a incessante busca pela excelência também exige profissionais abertos a mudanças e inovações. Assim, a familiaridade com computadores e programas já deixou de ser uma competência desejável para se tornar obrigatória há muito tempo. O profissional hoje não tem como fugir das novas tecnologias, ele vai precisar aprender a lidar com todas as ferramentas que estejam relacionadas à sua profissão e ao universo do trabalho. Por exemplo, se você quer trabalhar num restaurante que utiliza comanda eletrônica multiplataforma, não pode criar resistência à nova realidade; ainda que tenha anos de experiência como garçom, sempre vai precisar aprender coisas novas.

Em um mundo organizado em redes de conhecimento como o nosso, em que a troca de informações e experiências entre profissionais de diversas áreas é habitual, não assimilar novos valores de qualidade, produtividade e competitividade, não respeitar as diferenças no grupo e não considerá-las enriquecedoras colocam o profissional na contramão da história.

Também é preciso estar atualizado e bem-informado sempre para prever mudanças e oportunidades. Desde que a internet transformou o mundo em uma aldeia global, fatos que ocorrem do outro lado do mundo podem afetar nossos negócios e nosso dia a dia. Dependendo da empresa, um acontecimento pode alterar o planejamento ou afetar as vendas, e isso nem sempre é previsto.

Uma competência que ganhou força neste novo século é a resiliência – a capacidade de lidar com problemas, resistir a pressões, superar dificuldades e recuperar-se das adversidades. Tudo isso com flexibilidade, ânimo e motivação. O profissional que sabe encantar é equilibrado e seguro. Cuidar da saúde física e emocional faz parte de sua rotina.

Saber se comunicar de forma assertiva, negociar com a equipe, apresentar as próprias ideias, discutir, ser curioso, ouvir, cooperar e valorizar a opinião do outro – um colega, um superior, um fornecedor ou um cliente – são características indispensáveis para o trabalho em equipe.

O trabalho em equipe é prática essencial para o sucesso de uma empresa. Imagine, por exemplo, a equipe de um restaurante de alta gastronomia de grande porte. Ela é composta de vários profissionais, cada um com seu papel bem definido, sob a batuta do *chef*. É ele quem cria os cardápios, administra a programação e a folha de pagamento de todos os funcionários, supervisiona a qualidade dos pratos que saem da cozinha, entre muitas outras responsabilidades.

Além do *chef*, a cozinha de um grande restaurante conta com o subchefe (o segundo no comando), o especialista em preparar molhos (*saucier*), o cozinheiro que prepara legumes (*entremetier*), carnes (*rôtisseur*), doces e sobremesas (*pâtissier*). Todos precisam ser exímios profissionais em suas próprias especialidades e na especialidade do restaurante (sua marca), conhecer o estilo do *chef*, suas preferências e recomendações, o perfil do cliente que aprecia aquela culinária, os segredos das receitas e as técnicas. E não podem faltar a paixão pela gastronomia, a criatividade e a cooperação. A união faz a força na hora de juntar todos esses talentos para que os pratos cheguem à mesa sempre com o mesmo padrão, a cada pedido.

As competências individuais postas em prática, alinhadas ao objetivo principal do restaurante, possibilitam o resultado: os saborosos pratos que vão encantar os clientes e fazê-los voltar para repetir.

Competências individuais  REFORÇO DE CONTEÚDO

Segundo Neise Deluiz (1994), as principais competências exigidas dos profissionais de serviços hoje são as seguintes:

- **Intelectuais/técnicas:** aprender a pensar (identificar, reconhecer e definir problemas/formular alternativas/equacionar soluções/avaliar resultados); pensar estrategicamente (responder criativamente a novas situações/atuar preventivamente/introduzir modificações em processos de trabalho); integrar atividades (dominar conceitos e tarefas constantes do núcleo de ocupações afins).
- **Organizacionais/metódicas:** organizar o trabalho; estabelecer métodos próprios; gerenciar tempo e espaço de trabalho.
- **Comunicativas:** discutir, apresentar ideias, comunicar-se com o grupo e com os superiores hierárquicos; atuar em contextos interativos cada vez mais complexos; dialogar, negociar, argumentar, questionar; buscar processos de individualização e de solidariedade.
- **Sociais:** relacionar saberes provenientes da esfera social com o mundo do trabalho; transferir conhecimentos da vida cotidiana para o trabalho; não opor saber formal e saber informal.
- **Comportamentais:** abertura às mudanças; atenção; criatividade; curiosidade; iniciativa; motivação; responsabilidade; vontade de aprender.

Para cooperar com sua equipe, você deve conhecer os dez mandamentos do trabalho em equipe e praticá-los.

1. Jamais subestime os pontos de vista dos integrantes de sua equipe de trabalho.

2. Focalize sua atenção unicamente nas ideias.

3. Saiba escutar!

4. Busque cooperação por meio do diálogo.

5. Confie em si mesmo e participe ativamente do trabalho em equipe, expondo suas ideias com clareza.

6. Desperte a confiança dos integrantes da equipe.

7. Domine as emoções fortes.

8. Aprenda a ceder.

9. Mantenha uma postura ética nas relações com os integrantes da equipe.

10. Valorize o consenso.

Comunicar-se bem é fator imprescindível para o bom atendimento. Em uma equipe, a boa comunicação garante entendimento mútuo, cooperação e integração. Isso se reflete no próprio relacionamento com o cliente, que vai receber um atendimento coeso em todas as etapas da aquisição do produto ou serviço. E, para que se mantenha o padrão de qualidade durante e depois do atendimento, ouvir o cliente é a melhor estratégia. Essa não é apenas uma postura empática, mas também uma forma de conhecê-lo melhor.

Assim, a comunicação torna-se uma ferramenta importante para apresentar o produto/serviço mais adequado ao perfil e expectativas do cliente, aumentando as chances de satisfazê-lo. Depois da compra/contratação, deve-se ouvir o cliente para saber sua opinião sobre o bem adquirido. Essa é uma das estratégias de fidelização do cliente, parte do ciclo do atendimento com qualidade.

Atividade

Estabeleça uma ordem de importância de competências exigidas dos profissionais listados no quadro a seguir. As de maior importância devem ser colocadas à esquerda do quadro; as de menor importância, à direita. Veja o exemplo dado na primeira linha (chefe de cozinha) para preencher o restante do quadro. Caso seja necessário, verifique o detalhamento de competências que está no box "Competências individuais", na página 88.

A. Competências intelectuais/técnicas.

B. Competências organizacionais/metódicas.

C. Competências comunicativas.

D. Competências sociais.

E. Competências comportamentais.

Atividades	Importância das competências				
	← *Maior*				*Menor* →
Chefe de cozinha	*B*	*A*	*E*	*D*	*C*
Maître					
Guia de turismo					
Vendedor					
Promotor de eventos					
Programador					
Produtor de moda					
Maquiador					
Cabeleireiro					
Técnico em enfermagem					
Designer gráfico					
Decorador de interiores					
Atendente de telemarketing					

Diferenciais da qualidade

Relembrando o que aprendemos nos capítulos anteriores, **serviço** é uma atividade humana que, sem assumir a forma de um bem material, satisfaz uma necessidade e atende plenamente às expectativas do cliente (suas preferências, interesses, etc.). Logo, serviço envolve todos os aspectos, sensações, atitudes e informações percebidos pelo cliente. Vimos também que é difícil medir os serviços quanto à sua qualidade, pois, diferentemente dos produtos, eles são intangíveis, isto é, não podem ser tocados, não são concretos.

Podemos dizer, então, que a qualidade dos serviços está sempre relacionada à qualidade da experiência proporcionada ao cliente. É preciso que o cliente perceba que sua necessidade foi atendida e fique satisfeito. Desse modo, os serviços associados a produtos agregam valor a eles, e é isso que diferencia uma oferta de outra concorrente.

A qualidade representa um conjunto de expectativas do cliente, que constituem os diferenciais tangíveis, intangíveis e conceituais necessários para atender a essas expectativas.

Os **diferenciais tangíveis são as características físicas, mensuráveis**, especificadas pelos clientes. Os **intangíveis são os serviços, como a entrega, o atendimento atencioso. Os diferenciais conceituais**, por sua vez, são imagem, estilo, prestígio, marca do produto.

Soluções surgem onde menos se espera  CURIOSIDADE

O sabonete que lidera as vendas nos Estados Unidos conquistou mercado com um argumento descoberto por acaso. Enquanto tomava banho, o designer da agência de publicidade percebeu que o sabonete "flutuava" na banheira. (esse acaso não aconteceria no Brasil, onde se usa mais o chuveiro.) Essa característica física (leveza) foi transformada pela empresa em diferencial: "O sabonete é tão suave que é menos irritante para a pele".

A marca explorou esse diferencial para tornar as pessoas confiantes na própria beleza, mesmo não sendo artistas ou famosos, já que a concorrência declarava que seu produto era o "favorito das estrelas".

Independentemente do tipo dos serviços, os consumidores utilizam basicamente os mesmos critérios para avaliar sua qualidade:

- **Confiabilidade:** o serviço é prestado de forma correta e conforme o prometido.
- **Responsabilidade:** a receptividade da empresa e de seus funcionários.
- **Segurança:** a competência dos funcionários e a precisão de suas ações.
- **Empatia:** a capacidade dos funcionários de estar no lugar do cliente, vivenciando seus sentimentos e necessidades.
- **Tangibilidade:** as instalações e todos os outros aspectos físicos, como equipamentos, pessoas e material de comunicação.

De commodity a experiência de consumo

Os produtos sem diferenciação física, serviço atrelado, proposta de valor são chamados de mercadorias ou commodities. Uma commodity pode ser abundante, simples e fácil, mas, por outro lado, ter características inexploradas, que geralmente se ocultam em serviços complementares e valores intangíveis e conceituais.

Todo valor que não é percebido não existe (Magalhães; Sampaio, 2007). Então, o processo de "descomoditização" agrega serviços e ideias, transformando a relação entre a oferta e a demanda em experiência - a derradeira fronteira do relacionamento. No mundo competitivo atual, nem mesmo o clássico sal de cozinha - um dos mais emblemáticos exemplos no estudo de marketing - consegue sobreviver com modelo e preço únicos e atender assim às diferentes exigências dos consumidores.

Trata-se de um bem totalmente inelástico (insensível às alterações de preço), homogêneo (sem diferenciais) em um mercado de concorrência perfeita (muitos produtores oferecendo seus produtos com total transparência a preços iguais), em que nenhuma unidade ofertada a preços mais altos é vendida antes de se esgotar todas as de preços mais baixos, pela lógica do consumidor.

Saindo dos livros de economia, vamos para o supermercado olhar as prateleiras. Além das variações entre embalagens, especificações, conveniência e serviços, notamos uma grande diferença em benefícios que se refletem em preços, o que pode significar que as pessoas e/ou organizações estão dispostas a desembolsar mais por determinadas ofertas do produto, ou, então, a reconhecê-las como vantagem competitiva.

Veja as tabelas a seguir, com ofertas de sal de cozinha.[1] Siga a coluna dos preços por quilo e identifique os diferenciais que justificam os valores agregados.

1 Preços pesquisados em outubro de 2017, em sites de supermercados com boa variedade de marcas, servem de referência para a comparação de valores agregados por serviços.

TABELA 1 - *SAL DE COZINHA*

Descrição	Embalagem	Quantidade	Preço	R$ por KG	Atributos de serviços
Refinado	saco plástico	1 kg	2,3	2,3	
Refinado	sachet	2000 g	16,8	8,4	higiênico para restaurantes
Refinado	saleiro de cozinha	500 g	4,63	9,26	praticidade ao lado do fogão
Refinado	saleiro ovo	100 g	2,93	29,3	serviço de mesa
Líquido	spray	250 ml	6,83	27,32	tempero de saladas

TABELA 2 - *SAL DE COZINHA MODIFICADO*

Descrição	Embalagem	Quantidade	Preço	R$ por KG	Atributos de serviços
Grosso	saco plástico	1 kg	1,99	1,99	churrasco
Marinho	saco plástico	1 kg	3,68	3,68	sem aditivos
Light	saco plástico	500 g	6,35	12,7	50% NaCl
Light	saleiro	100 g	6,75	67,5	50% NaCl + praticidade
Com ervas	ampola plástica	150 g	9,9	66	temperado
Light	saleiro	100 g	7,68	76,8	34% NaCl
Light	sachet	50 g	4,15	83	higiene + porcionamento + 34% NaCl

TABELA 3 - ***SAL DE COZINHA GOURMET***

Descrição	Embalagem	Quantidade	Preço	R$ por KG	Atributos de serviços
Granulado	saco plástico	250 g	6,4	25,6	evaporado
Marinho	em flocos	250 g	22,8	91,2	sem aditivos + importado
Com aipo	vidro	100g	21	210	tempero de saladas
Flor de sal	caixa	125 g	12,2	97,6	cristais de sal evaporados naturalmente
Marinho	saleiro com moedor	92 g	20	217,39	sem aditivos + importado + conveniência
Com limão	saleiro com moedor	65 g	14,7	226,15	tempero de saladas + importado + conveniência
Flor de sal com ervas	vidro	65 g	13,2	203,08	cristais de sal evaporados naturalmente + temperos

GRÁFICO 1 - ***VARIAÇÃO DE PREÇO X SERVIÇO AGREGADO***

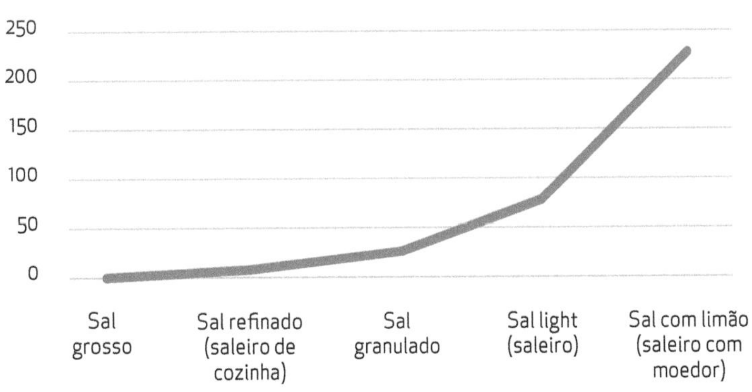

Uma observação ainda mais acurada dos vários tipos de sal mostra diferenças nos serviços de distribuição (seleção de canais - supermercados, varejo especializado, etc.) e até na localização dos produtos nas gôndolas (*veja a figura a seguir*), o que pode ser percebido como um serviço ao consumidor.

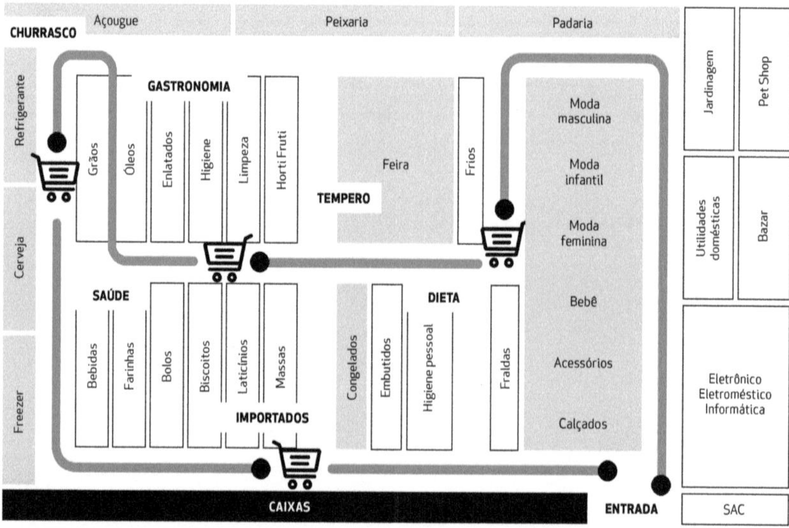

Figura 2 – Disposição de produtos em um supermercado.

Quando o consumidor vai ao supermercado, ele espera que os produtos estejam organizados em seções que facilitem a localização. O serviço de dispor os produtos nas gôndolas é chamado de *merchandising*, palavra em inglês que significa acionar as mercadorias (*merchandise*). Por extensão, o termo passou a designar a prática comercial de valorizar a exposição de produtos nos pontos de venda.[2]

2 O termo *merchandising* também passou a ser adotado para identificar a inserção de produtos e serviços em telenovelas de forma cotidiana e natural, sem ser uma evidente propaganda ostensiva. Da mesma forma, a denominação passou a valer nas mídias sociais quando produtos e serviços são apresentados de maneira aparentemente contextual, pelos chamados influenciadores digitais.

Vamos então ajudar o consumidor a encontrar, em um supermercado, o sal, essa mercadoria tão comum. Se ele desejar a versão mais comoditizada (o simples sal de cozinha), deve procurar junto aos temperos. Mas se quiser mais do que a versão básica, o serviço de merchandising é acionado, e o produto pode estar em várias gôndolas. Para uso em um churrasco, o sal grosso fica próximo às carnes. Caso o consumidor seja um cozinheiro sofisticado, deve buscar o produto na seção de gastronomia ou na de importados e o encontrará! Se sua preocupação for com a saúde, o sal pode ser adicionado ao carrinho de compras quando o consumidor passar pela gôndola dos produtos para dietas e restrições alimentares.

A lógica, então, é suprir as necessidades básicas dos clientes e agregar valor entregando serviços que superem suas expectativas.

Agora, vamos analisar outro extremo de serviços, que foge totalmente à categoria de commodities: a oferta de serviços dos hotéis.

O Sistema Brasileiro de Classificação de Meios de Hospedagem (SBClass), elaborado pelo Ministério do Turismo, enumera 63 serviços que determinam as estrelas que se aplicam aos meios de hospedagem (hotel, resort, hotel fazenda, hotel histórico, pousada, cama e café, flat/apart-hotel). Importante notar que nenhum desses serviços refere-se aos diferenciais cortesia, limpeza, atendimento pessoal, etc. Isso porque essas características são impossíveis de serem reguladas com precisão.

Vejamos os dois exemplos limítrofes da classificação de uma a cinco estrelas:

No caso de uma estrela, os seguintes serviços são obrigatórios:

- Recepção 12 horas e acessível pelo telefone 24 horas.
- Despertador.
- Guarda de valores dos hóspedes.

- Limpeza diária nas unidades habitacionais em uso.
- Troca de roupa de cama uma vez por semana.
- Troca de roupa de banho em dias alternados.
- Serviço de café da manhã.

E os seguintes são elegíveis:

- Página da internet em português.
- Serviço de cartão de crédito e débito.
- Serviço não perturbe/arrumar quarto.

No caso dos cinco estrelas, uma exigência é exclusiva:

- Serviços acessórios oferecidos no próprio hotel: salão de beleza, baby-sitter, venda de jornais e revistas, farmácia, loja de conveniência, locação de automóveis, reserva de espetáculos, agência de turismo, transporte especial, etc.

E os serviços elegíveis para os hotéis que querem alcançar essa categoria são:

- Segurança particular para hóspedes e serviço de mordomo.

(Brasil, s/d.)

A exigência de classificação permite que o consumidor saiba quais serviços são oferecidos no estabelecimento. Além disso, as grandes cadeias de turismo apresentam as categorias de seus hotéis indo além da classificação em estrelas, com várias denominações de marcas, exatamente para não provocar desapontamento quanto às expectativas dos consumidores.

A classificação em estrelas dos hotéis (empresas de serviços), portanto, depende de um conjunto regulamentado de especificações: decoração, paisagismo, restaurante, serviço de quarto, equipamentos, instalações, entre outras. Também são considerados os serviços de reserva, recepção, *concierge*, eventos, *business center*, lazer, segurança, comunicações e conforto.

Com base nos exemplos do sal de cozinha (simples e modificado) e das categorias de hotéis (de uma a cinco estrelas), é possível demonstrar que toda oferta é um conjunto de valores agregados.

REFORÇO DE CONTEÚDO

Faça uma pesquisa na web sobre "franquias de hotéis internacionais" ou "bandeiras de hotéis" e você encontrará diversas redes hoteleiras com várias carteiras de marcas.

Carteiras de marcas (ou portfólios de produtos) são compostas de ofertas em diferentes categorias, cada uma delas com suas especificações, de modo que as marcas tenham particularidades.

Você perceberá que as franquias são divididas em níveis (luxo, superior, média, econômica e supereconômica). Verá também que há categorias pautadas na expectativa de ocupação: férias, longa duração, executiva.

Prossiga sua pesquisa e identifique quais são as características diferenciadoras e as exigências mínimas de serviço das marcas de franquia.

A expressão oferta é útil para se referir tanto a um bem material quanto a um serviço intangível, ou a um conceito. Pode-se considerar que praticamente não existe oferta que seja apenas um bem físico, pois todo bem físico carrega uma menor ou maior dose de serviço complementar e uma ideia diferenciadora. Da mesma forma, os serviços dependem de algo tangível para serem realizados, além de demandar acessórios e estar ancorados em um conceito.

O sal de cozinha e as categorias de hotéis demonstram que toda oferta é um conjunto de valores agregados.

Resumindo, toda oferta tem características tangíveis que se somam às intangíveis e aos diferenciais conceituais. É essa adição de serviços e ideias que determina a progressão do valor agregado.

REFORÇO DE CONTEÚDO

É tão simples cozinhar no micro-ondas que a maioria das pessoas não percebe a quantidade de serviços e ideias que estão por trás do ato de apertar as teclas desse eletrodoméstico.

Imaginemos, então, as transformações no comportamento das pessoas provocadas pelo aparelho e pelo serviço que ele executa. O micro-ondas é útil até a uma criança que precisa preparar sua refeição, mas, por medida de segurança, tem o fogão e o forno vedados por seus pais. Segurança, nesse caso, é um serviço complementar e uma ideia diferenciadora.

Além de segurança, o micro-ondas oferece praticidade, conforto e confiança ao permitir preparar o alimento com base em um número mínimo de instruções e possibilitar o controle sobre o tempo gasto.

Há ainda uma enorme quantidade de serviços e ideias que foram literalmente empacotados para formar uma oferta, como a comida congelada, pronta para ir ao micro-ondas. Entre eles, preparar, porcionar, empacotar, congelar, transportar e estocar no ponto de venda, dentro do prazo de vencimento.

Assim, na próxima garfada que você der ao se alimentar de algo feito no micro-ondas, lembre-se dos serviços complementares e das ideias diferenciadoras que antecederam esse momento de prazer.

A proposta de desconstrução de qualquer oferta em três eixos (características tangíveis, intangíveis e conceituais) traz para as empresas uma considerável multiplicação das oportunidades de diferenciação de seus produtos.

A indústria de alimentos, por exemplo, possui uma linha extremamente variada de produtos que atendem às necessidades dos consumidores, como serviços de processamento e conveniências de consumo.

Esses bens são submetidos, em sua preparação, a inúmeros serviços de industrialização: limpeza, mistura, processamento, cozimento, fritura, secagem, congelamento, etc. Cada uma dessas etapas agrega valor; cada processo pode gerar produtos e trazer novas especificações que sejam percebidas pelos consumidores como vantagens competitivas. No tocante às decisões de serviços de apresentação e conveniência, há opções como dosar porções para consumo individual e familiar; embalagens alinhadas com os processos de preparação no fogão, forno, micro-ondas; empacotamento; resfriamento; armazenagem; transporte e distribuição; exposição e merchandising no ponto de venda.

No caso da indústria de alimentos, tão presente em nosso dia a dia, os valores agregados devem ser percebidos como vantagens competitivas pelos consumidores. Mas, antes de as especificações que geram valor agregado aos produtos serem definidas pela indústria, existe uma série de questões conceituais que precisam ser pensadas.

Qual é a ideia por trás da oferta de uma comida? Responder a essa pergunta usando o verbo alimentar seria suficiente se estivéssemos falando de mercados primários de subsistência. Da mesma forma, respondê-la com o substantivo refeição não é uma alternativa completa para justificar tamanha variedade de especificações.

Ao pensar em oferta, a indústria de alimentos tem de considerar que almoço e jantar são momentos e serviços diferentes. Comer sozinho ou em grupo, em casa ou na rua exige propostas tangíveis, intangíveis e conceituais específicas a cada caso.

O que cada consumidor busca para responder à sua necessidade é o que define a opção escolhida. Pode tanto ser uma refeição rápida quanto saudável, prática, compartilhada, completa, complementar ou a combinação dessas e de várias outras ideias.

Em uma aula do curso de gastronomia, o instrutor passava para os alunos sua experiência como *maître* de um restaurante que fazia sucesso no almoço e no jantar.

O estabelecimento estava localizado em uma área da cidade que não tinha *shopping center*, mas que contava com residências de classe média-alta e também escritórios de empresas do setor financeiro e de publicidade.

No almoço, era comum receber grupos de executivos e empresários em reunião de negócios, enquanto à noite o ambiente se tornava mais social, com famílias e amigos jantando e confraternizando.

O segredo do sucesso, segundo esse experiente profissional, estava em diferenciar o serviço conforme a hora do dia: no almoço, muita luz, atendimento ligeiro, refeições leves com opções de bufê, pouca bebida, sobremesas e café. À noite, o clima era mais calmo, para pessoas que não têm pressa. As refeições eram mais elaboradas e acompanhadas de bebidas e sobremesas.

No almoço, comer! No jantar, curtir! Em todos os casos, o ambiente era adequado, o serviço cortês, mas sempre atento ao "tempo" do cliente.

COMO AGREGAR VALOR À OFERTA

Nos serviços, é possível trabalhar com ideias? Sim! Por exemplo, criando um espaço divertido, lúdico no ponto de venda, com cenários temáticos e opções de entretenimento. Também é possível oferecer um serviço rápido, cumprindo as estimativas de tempo de espera e filas. O serviço também pode ser "badalado", caso ofereça novidades que façam o público querer voltar para ter novas experiências.

É possível trabalhar com serviços diferenciados? Sim, também. A loja pode oferecer vantagens na logística, na distribuição e transferir parcialmente para os clientes suas economias de escala e ganhos de eficiência.

Figura 3 – Banner de propaganda enfatizando a queda dos preços.

Promover o melhor atendimento, com gente treinada, especializada e legitimamente interessada em apresentar a solução que o cliente espera, também podem ser considerados serviços diferenciados.

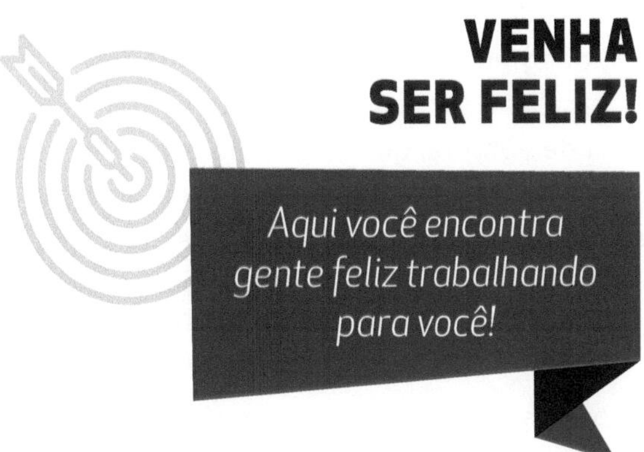

Figura 4 – Banner de propaganda com apelo emocional ao consumidor.

Ser o mais completo possível em sua especialidade, de modo a mostrar aos clientes o maior leque de ofertas no mesmo lugar e, ainda, estar disponível em mais lugares de conveniência também é um serviço diferenciado.

Figura 5 – Banner de propaganda que destaca a variedade de produtos.

Quando vemos uma linda maçã na prateleira, parecendo fresquinha e atraente para o consumo, é porque essa mercadoria passou por grandes processos de serviço de qualidade. E há várias possibilidades de serviços diferenciadores para alimentos também, como a identificação de produto orgânico, embalagem com selo de qualidade, transporte em condições ideais, fabricação eficiente e entrega no prazo combinado. Todos esses são importantes componentes de serviço de valor agregado.

A experiência de compra, que vimos em capítulos anteriores, é o ponto alto da oferta. Se todos os serviços forem entregues a contento e o cliente se sentir satisfeito, a missão está cumprida. Se o cliente está disposto a receber com conforto e segurança as soluções que satisfaçam sua necessidade, então sua experiência está completa.

Assim é que os benefícios se tornam tangíveis, isto é, percebidos de maneira precisa pelo cliente.

Imagine que você está com a família "curtindo" uma praia, bem juntinho do mar. "Bateu" uma sede, e o vendedor mais perto está na calçada. Para chegar lá, você precisa atravessar uma faixa de areia quente.

Como você avalia a experiência de compra, se o vendedor vier lhe servir sem que você precise se levantar? Isso se chama serviço que agrega valor. Certamente, você estaria disposto a pagar por esse diferencial.

De maneira geral, a valorização dos serviços é maior quando eles: (a) são mais especializados e, portanto, mais difíceis de serem encontrados; (b) têm engenharia de produção mais complexa; e (c) exigem mais esforço, físico ou intelectual, e dedicação. Independentemente de os recursos utilizados serem produto da natureza, da sociedade, das organizações ou dos indivíduos, as recompensas por um serviço devem ser maiores quanto mais raro, complexo e exaustivo ele for. Esses fatores, assim como a qualidade, determinam seu preço: "[...] a lógica de valor estabelece que a raridade, a complexidade e os esforços devem ser recompensados idealmente na medida da qualidade percebida do serviço recebido" (Magalhães; Hasenclever, 2013, p. 7).

O que se busca em serviços é a satisfação do comprador-alvo (Kotler, 2000). Como a qualidade percebida está diretamente relacionada à percepção de valor, ele vai escolher, entre as ofertas, aquela que lhe parece de melhor qualidade, com base nos aspectos apontados para definir o valor. A relação entre preço e qualidade, contudo, é estabelecida pela estratégia das organizações, que devem tornar evidente ao comprador seu posicionamento para obter sucesso na oferta.

Uma mercadoria pode ter preço baixo e ser cara, ou ter preço alto e ser barata. A percepção de caro ou barato se dá quando a relação entre o preço e o valor de um produto ou serviço não é justa, e o valor oferecido é maior ou menor do que o custo exigido. Quanto mais essa equação for favorável ao consumidor (valor maior que o custo), mais ele terá a sensação de que o produto é barato; por outro lado, quanto mais desfavorável ao consumidor for a equação (valor menor que o custo), mais o preço é elevado. O ideal, portanto, é estabelecer o ponto ótimo, que significará a melhor margem para a empresa dentro dos limites de disposição e disponibilidade para pagar por parte do consumidor ou cliente (Magalhães; Sampaio, 2007).

Estratégias de precificação  REFORÇO DE CONTEÚDO

A estratégia de precificação das organizações é aquela que trata das relações entre o preço proposto ao mercado e a qualidade percebida da oferta.

São quatro as possibilidades de combinar preço e qualidade:

- **Estratégia *premium* (qualidade alta e preço alto):** os produtos com qualidade superior (insumos selecionados, produção criteriosa, serviços de destaque) e, consequentemente, de preços mais altos são chamados de premium. Normalmente se destinam às classes mais altas e não são essenciais. Produtos e serviços com marcas registradas e fornecedores de qualidade são tipicamente dessa categoria.
- **Estratégia oferta (qualidade alta e preço baixo):** em situações em que a qualidade percebida não está sendo sacrificada e os preços estão competitivos, encontramos as ofertas. Produtos genéricos e com marcas próprias de revendedores, geralmente, utilizam essa estratégia de precificação. Também podem ser promoções temporárias, que fazem parte dos planos das organizações para conquistar clientes.
- **Estratégia econômica (qualidade baixa e preço baixo):** para completar as estratégias legítimas de preço-qualidade, há uma grande porção do mercado ocupada por produtos de qualidade controlada que, reconhecendo suas limitações, cobram preços compatíveis. É a chamada estratégia de economia. Serviços artesanais, cestas básicas, hospedagem caseira e produtos de segunda linha são ofertas legítimas, dirigidas às pessoas com poucos recursos.
- **Estratégia FIBRA (qualidade baixa e preço alto):** essa última alternativa deve ser evitada de todas as formas. São os produtos/serviços FIBRA: F de falsificado; I de ilegítimo; B de baixa qualidade; R de rótulos enganosos; e A de adulterado. Não há preço baixo que justifique trabalhar com produtos e serviços FIBRA.

Fique atento às seguintes definições:  REFORÇO DE CONTEÚDO

- **Qualidade** é uma medida de conformidade de processos e padrões esperados.

O consumidor precisa estar seguro de que, em todas as expectativas da compra ou do uso, cada vez que um processo se repete na fábrica, na loja, na distribuição ou no consumo, os resultados, a quantidade e a durabilidade são os mesmos.

- **Marca** é uma medida simplificadora de identificação, referência e personalidade.

Como saber quem assegura se os produtos ou serviços estão no mesmo padrão de qualidade? Para isso servem as marcas que identificam o fabricante ou prestador de serviço, garantindo a procedência e a consistência da oferta.

- **Preço** é uma medida de percepção e deve ser combinado com os benefícios para se estabelecer um quociente de valor.

Na ilustração a seguir, repare que ideias e serviços agregados completam a experiência do consumidor, que a percebe em três níveis:

- **Qualidade do produto:** serviços que destacam a praticidade, o estilo, a validade, as garantias, a assistência pós-venda.
- **Qualidade dos serviços:** valores intangíveis de confiança, segurança, durabilidade.
- **Qualidade da experiência:** atmosfera do consumo, entretenimento, serviço com cortesia, elegância na entrega, sentimento de realização que fica na memória.

Gráfico 2 – Ideias agregadas × serviços agregados

A cadeia produtiva de valor

Cadeia produtiva é uma sucessão de etapas integradas em que insumos ou serviços sofrem algum tipo de transformação, da matéria-prima ou condição inicial, passando por operações de produção, até o produto final (bem ou serviço) e sua distribuição. Trata-se, portanto, de uma sucessão de operações (ou de estágios técnicos de produção e distribuição) integradas, realizadas por diversas unidades interligadas como uma corrente, desde a extração e manuseio da matéria-prima até a distribuição do produto (Mielke, 2002).

As etapas consecutivas pelas quais passam os diversos insumos para transformação – e agregação de valor – formam as chamadas cadeias produtivas (Hasenclever e Kupfer, 2013), também conhecidas como cadeias de valores.

Tais cadeias podem ser constituídas de várias maneiras:

Cadeia produtiva empresarial – um conjunto de empresas que participam de um acordo, no qual cada uma delas é responsável por uma parte do processo.

Cadeia produtiva setorial – quando suas etapas são setores econômicos e seus intervalos são mercados entre setores consecutivos.

Cadeia produtiva regional – empresas competitivas ou complementares que se beneficiam de recursos e condições regionais, normalmente chamados de polos.

Quanto ao grau de agregação, podemos encontrar:

Cadeias concorrentes – atendem a um mesmo mercado, sendo relativamente independentes entre si.

Cadeias complementares – produzem soluções, produtos ou serviços que se relacionam, seja por insumos, tecnologias assemelhadas, parceiros e fornecedores, seja por outras afinidades.

No mundo da tecnologia e da economia do compartilhamento, chama-se REDE (inclusive as redes sociais) o conjunto de soluções, plataformas e outros equipamentos interligados que partilham informação, recursos e serviços. Assim, todas as definições anteriores aplicam-se aos conceitos de REDES, que podem ser conectadas física ou virtualmente.

Em todos os casos, não existe um padrão para definir o grau de entrelaçamento entre as cadeias ou redes, que se unem, repartem-se e multiplicam-se, sem barreiras, em todas as combinações possíveis.

O conceito de cadeia produtiva de produtos e serviços também pode ser estendido ao setor agrícola, como explica a Secretaria de

Agricultura e Abastecimento do Paraná (Paraná, 1999), quando a descreve como o conjunto de agentes econômicos e as relações que se estabelecem para atender às necessidades dos consumidores por um determinado produto ou serviço. Isso envolve, ainda, os setores que se encontram "antes da porteira", ou seja, de fornecimento de insumos, máquinas e equipamentos; os setores "depois da porteira", de industrialização, atacado e varejo; além de todo o aparato tecnológico e institucional, legal, normativo ou regulatório.

Essas diversas descrições servem para enfatizar que a qualidade pode ser percebida e promovida em todos os elos da cadeia de valor. Um fornecedor que oferece matéria-prima certamente contribui para o bom resultado do produto ou serviço. A tecnologia empregada na confecção do produto também ajuda a construir sua reputação, que ainda possa ser valorizada pela confiança do mercado no canal revendedor.

Como veremos a seguir, as vantagens competitivas que exploram a qualidade como diferencial não são necessariamente evidentes e, em muitos casos, é preciso promover os diferenciais da oferta (tangíveis, intangíveis e conceituais) e os que podem ser agregados pelos agentes da cadeia produtiva do setor (fornecedores, canais, clientes, órgãos reguladores).

Os diferenciais tangíveis podem ser avaliados em suas respectivas unidades de medida e são, obviamente, mais fáceis de serem analisados de forma absoluta, sistemática e regular. Exemplos:

- Especificações técnicas: peso, volume, dureza, voltagem.
- Desempenho: velocidade, durabilidade, resistência.

Os diferenciais intangíveis também podem ser observados e avaliados, mas apenas por comparação entre si. Exemplos:

- Serviços acessórios: garantia, instalação, assistência técnica.
- Entrega: prazo, frete, embalagem, seguro.

Os diferenciais conceituais, por sua vez, não podem ser medidos absoluta ou relativamente, mas podem ser comparados por meio de pesquisas. Exemplos:

- Imagem: associações, relacionamentos, referências, identidades.
- Reputação: experiências, testemunhos, selos, certificações.

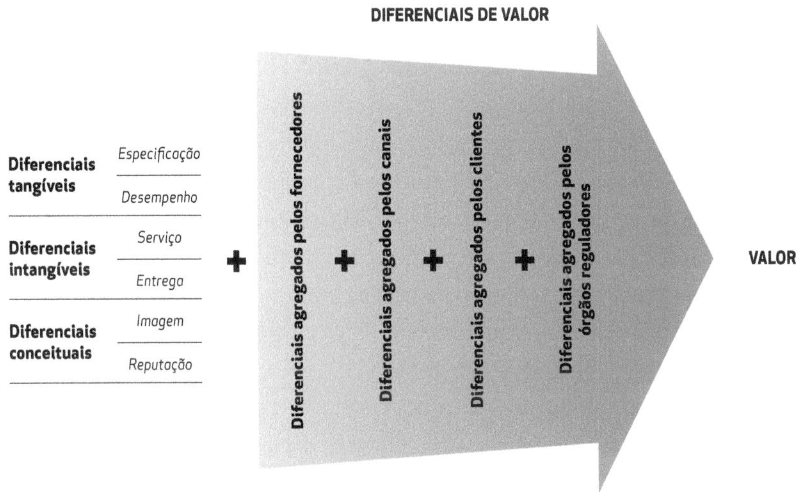

Figura 6 – Diferenciais de valor.

Além dos diferenciais da oferta em si, devemos considerar outras quatro principais oportunidades de agregar valor: fornecedores, canais distribuidores, clientes e, indiretamente, se possível, órgãos reguladores.

Diferenciais somados pelos fornecedores de insumos ou de serviços podem contribuir muito para o valor agregado dos serviços. Exemplos:

- **Origem:** certificação de região reconhecida pela qualidade de sua produção agrícola ou industrial.
- **Componentes:** utilização de partes certificadas ou de comprovada qualidade, produzidas por fornecedores de prestígio.
- **Recursos humanos:** mão de obra competente e especializada.

Os diferenciais agregados pelos canais de distribuição e de comunicação podem emprestar sua força para a caracterização da qualidade dos serviços. Exemplos:

- **Representante especializado:** a tradição no setor, o conhecimento das demandas, a atuação com serviços acessórios e a rede de distribuição aumentando a disponibilidade estão entre os valores encontrados nos revendedores de valor agregado.
- **Mídia:** formadores de opinião, blogs, sites e colunas especializadas contribuem para a percepção da qualidade dos serviços.
- **Segmentação de público:** a identidade do público-alvo dos serviços com os canais de comunicação e venda potencializa a credibilidade da informação.

Os diferenciais agregados pelos clientes e usuários podem ser percebidos de forma espontânea ou provocada. Exemplos:

- **Boca a boca:** testemunhos e declarações sobre serviços, dados por clientes satisfeitos, estão entre os principais fatores de percepção de qualidade dos serviços.
- **Merchandising:** a exibição na mídia do uso do produto ou serviço também contribui para fazer crescer as expectativas dos clientes em potencial.
- **Sites de comércio eletrônico:** os comentários sobre a qualidade e a classificação, pelos compradores e usuários, dos serviços

adquiridos fazem parte da leitura quase obrigatória dos clientes de serviços *on-line*.

- **Sites de avaliação:** são espaços destinados à postagem de notícias sobre os prestadores de serviços, que devem estar atentos às reclamações e resolvê-las, caso sejam justas.
- **Colunas dos leitores:** pequenos incidentes ocasionais, não respondidos, podem *destruir valor*, principalmente se forem constantes.

Mas pode ser que nem tudo seja positivo na construção de diferenciais. É com esse risco que a empresa deve lidar quando trata dos órgãos reguladores e de outros agentes fiscalizadores que cuidam dos interesses dos consumidores. Exemplos:

- *Procon*: nesse espaço, o melhor diferencial é estar ausente ou ser o menos citado possível.
- *Agências reguladoras*: em geral, emitem boletins classificando os prestadores de serviço, que devem fazer tudo o que estiver a seu alcance para se destacarem pelo lado positivo.

REFORÇO DE CONTEÚDO

A terceirização de operações e franquias de processos e marcas é uma prática cada vez mais comum no mundo dos negócios. A maneira como os consumidores veem os responsáveis por essas operações depende do tipo e da forma de cada terceirização, e de como é percebida pelo cliente.

Em todos os casos, o essencial é que sejam respeitados os critérios de terceirização: confiança, credibilidade, respeito aos objetivos comuns, etc. Também não se pode abrir mão da responsabilidade, do controle de qualidade e da gestão do serviço percebido pelo cliente.

Se o hospital é sujo, não culpe o serviço de limpeza, mas sim a administração da instituição. A empresa é sempre responsável pelas atitudes de seus contratados, sejam internos, sejam terceirizados. É inconcebível a empresa terceirizar um serviço e dizer ao público ou cliente: "Não nos responsabilizamos pelo serviço prestado".

EXPECTATIVAS E SATISFAÇÃO

A qualidade é fruto da comparação entre as expectativas do cliente e a realização e o bom desempenho do serviço.

Um serviço de qualidade deve ser altamente comprometido. Por um lado, com as necessidades do cliente e com a entrega do que foi especificado (diferenciais tangíveis, intangíveis e conceituais). Por outro, com as condições economicamente competitivas do prestador desse serviço.

Esse objetivo só pode ser alcançado com a compreensão dos processos e a busca contínua de melhoria – a preocupação em corrigir rapidamente os problemas identificados.

É necessário estabelecer medidas de controle e indicadores confiáveis do desempenho dos serviços, da importância dos diferenciais e, principalmente, do grau de satisfação dos clientes.

Vamos ver dois exemplos a respeito das dificuldades de avaliar a qualidade dos serviços com diferentes graus de objetividade: um pequeno salão de beleza e um grande clube de lazer.

Qual a expectativa de uma garota quando vai ao salão de beleza? Ficar mais bonita é uma resposta simples, mas pode ser mais do que isso. Ela quer parecer com a artista da novela, por exemplo. Imagine o trabalho do cabeleireiro com uma especificação dessa ordem!

Vamos começar com a necessidade da cliente: cortar o cabelo. É uma questão subjetiva, mas, como contestar o fato de uma pessoa não estar satisfeita com sua aparência? Quais são as informações que a cliente tem? Que nesse fornecedor é possível fazer um bom corte de cabelo. É possível avaliar a experiência antes de vivenciá-la? Não. Então, tem-se que acreditar nas fotos expostas no estabelecimento ou na indicação de um amigo.

Finalmente, como avaliar o resultado? A opinião da cliente ao olhar o espelho é suficiente ou é preciso ouvir os comentários das amigas? Como criar indicadores e métricas para avaliar a satisfação da cliente? O número de clientes indicados por outros, satisfeitos com o serviço, é um parâmetro? Ou as postagens e comentários em redes sociais? De todo modo, a maior parte dessa avaliação é subjetiva e deve ser suficiente para o tamanho do negócio.

O outro exemplo é o do clube de lazer, com 20 mil associados e uma frequência média de 80 mil pessoas em suas sedes. O clube oferece regularmente quadras esportivas para várias modalidades, espaços para recreação, eventos e festas, escolinhas culturais e esportivas e várias áreas de alimentação, que também são muito importantes, considerando o tempo médio de permanência dos associados em suas dependências.

Essa organização registrou uma série de serviços para atender aos compromissos com seus associados, e a direção executiva da organização definiu objetivos, que foram desdobrados em indicadores (valor de referência) e métricas (como medir), exemplificados a seguir:

Objetivo 1
Gerar valor percebido para o associado. Indicador – Índice geral de satisfação dos associados. Métrica – resultado da pesquisa de satisfação geral.

Objetivo 2
Complementar a educação e a formação cidadã do associado e/ou atleta tendo como instrumentos o esporte e a cultura.

(cont.)

Indicador 1 – Índice de satisfação dos associados em cursos e atividades culturais.

Métrica 1 – resultado da pesquisa aplicada em cursos e atividades culturais.

Indicador 2 – Índice de satisfação dos pais e atletas das equipes de base.

Métrica 2 – resultado da pesquisa de satisfação em atividades esportivas.

Objetivo 3

Promover a prática desportiva, a convivência, o bem-estar e a saúde dos associados.

Indicador – Índice de satisfação em eventos de lazer (internos e públicos).

Métrica – resultado da pesquisa de satisfação em eventos.

Indicador – Índice de satisfação com alimentos e bebidas (concessões e restaurantes).

Métrica – resultado da pesquisa de satisfação com serviços de alimentação e bebidas.

ENEIA

O anagrama ENEIA[3] (especificações, necessidades, experiências, informações, avaliações) representa as dificuldades de um produto ou serviço em atender às mais rigorosas exigências de qualidade. Se você souber usá-lo, ou melhor, se conseguir entender e

3 O anagrama ENEIA foi criado pelo autor com base no modelo conceitual de qualidade de serviços de Parasuraman *et al.*, 1985.

dominar essa ferramenta, sua competência em criar valor para seus clientes se aproximará da excelência.

Antes de tudo, é necessário saber o que o cliente quer – algo que nem sempre ele mesmo sabe detalhar. Portanto, conhecer as expectativas do mercado não é tarefa simples, ainda mais se pensarmos que os clientes não são uniformes, ou seja, trata-se de um grupo segmentado, formado por diversos tipos de consumidores.

Do ponto de vista da qualidade do serviço, o cliente faz inúmeras comparações, diretas e indiretas, que são baseadas em suas expectativas, necessidades, experiências vividas e também no boca a boca, na publicidade, em pesquisas que realiza, em sua avaliação e na opinião de pessoas que o influenciam.

E ainda resta fazer a comparação com serviços concorrentes. Escolha um serviço de telefonia e liste quais são suas Especificações, Necessidades, Experiências, Informações e Avaliações, conforme as instruções que seguem.

Compare o serviço que você já tem contratado e usa pessoalmente com as opções que estão disponíveis em sua região. Por enquanto, esqueça os preços!

Você vai ver que a satisfação do mercado-alvo depende diretamente do desempenho da oferta (o que a empresa entrega) em relação às expectativas dos clientes. Esse é um ciclo que se repete indefinidamente. Ele é baseado em experiências anteriores dos consumidores e na reputação (opinião de terceiros), que sempre é reforçada pelas promessas e informações dos prestadores de serviço.

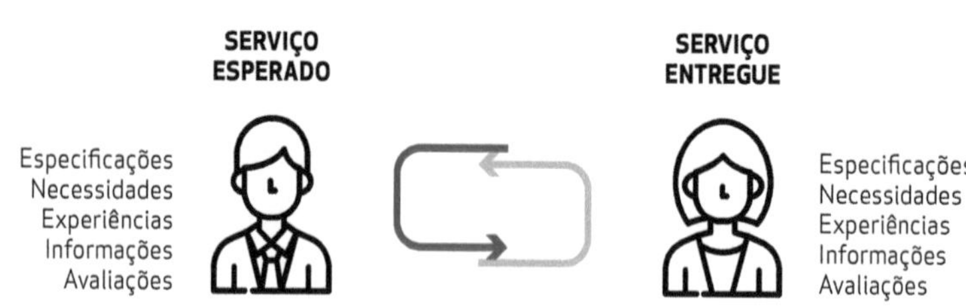

Figura 7 – Fluxo entre o serviço esperado e o serviço entregue.
Elaborada pelo autor, com base em Parasuraman *et al.* (1985).

ESPECIFICAÇÕES

Especificação é um termo técnico que pressupõe que as dimensões e outras medidas adotadas em um projeto, bem como os padrões de referência, os moldes, as quantidades, os insumos, serão sempre constantes. Em serviços, não é possível padronizar dessa forma, o que sempre dá margem a várias leituras para os diferenciais intangíveis.

A primeira percepção é a que fica — REFORÇO DE CONTEÚDO

Vamos contar uma historinha, que até pode não ser verdadeira, mas serve para ilustrar esta questão. Numa pesquisa realizada com consumidores, um fabricante de loção pós-barba obteve várias reclamações de que o produto era muito forte e causava ardência no contato com a pele. Para solucionar o problema, a fórmula foi suavizada. No entanto, a percepção dos clientes passou a ser de que a loção tinha pouca eficiência, pois o produto deixou de arder, ou seja, deixou de fazer efeito.

NECESSIDADES

Necessidade é um estado de privação, carência de alguma satisfação (Magalhães, 2006). As pessoas e organizações satisfazem suas necessidades com as ofertas de produtos e serviços que preenchem tais carências. Cabe ao marketing identificar, o mais prematuramente possível, tais carências (palavra-chave do processo), que devem ser atendidas com um conjunto diverso de diferenciais.

Aparelho com múltiplas funções  REFORÇO DE CONTEÚDO

O telefone celular, que conquistou o mundo, pode preencher várias necessidades ou carências. Entre elas estão a de se comunicar, ter segurança, entretenimento, registrar momentos em foto, áudio e vídeo, acessar o mundo virtual, obter informações e até reforçar a autoestima e sentir-se realizado com a escolha de um modelo vistoso e sofisticado.

EXPERIÊNCIAS

Geralmente, um usuário em potencial de serviços não consegue testá-los antecipadamente para se decidir pela compra. Ele está limitado em sua capacidade de tomar uma decisão por ter menos conhecimento sobre o assunto do que o vendedor ou prestador de serviço. Em serviços, é necessário recorrer a fontes de referência e experiências anteriores, pois a única e real evidência que uma empresa pode oferecer é um registro dos trabalhos já feitos.

Para saber mais  REFORÇO DE CONTEÚDO

As grandes cadeias de supermercado oferecem cartões de fidelidade por dois motivos fundamentais. Um deles é que o cliente tem a percepção de que terá um atendimento especial e vantagens. Para a loja, porém, há uma razão muito mais importante: conhecer a experiência de compra dos clientes, a frequência de visitas e os padrões de comportamento expressos em seus tíquetes de compra.

INFORMAÇÕES E COMUNICAÇÃO

É difícil comparar serviços alternativos sem informações completas e complexas, e a necessidade de informação depende do item, de seu preço e das alternativas disponíveis. Também é necessário trabalhar a educação do consumidor e a qualidade e transparência das comunicações, que afetam sua capacidade de fazer melhores escolhas e expressar suas opiniões.

Quem compara compra

REFORÇO DE CONTEÚDO

A quantidade de acessos de visitantes aos sites de compra (e-commerce) é incrivelmente superior ao consumo. O que isso significa? Que antes de fazer uma compra ou se associar a um serviço, os clientes buscam informações de ofertas, alternativas de preço e dicas que ajudem na tomada de decisão. Esse tipo de acesso aos sites é equivalente a "bater pernas no *shopping*" para olhar as vitrines e conhecer as ofertas.

Quanto à comunicação, pesquisas indicam que os usuários/consumidores que já adquiriram uma oferta também assistem com interesse às campanhas de propaganda da marca ou segmento, apenas para reafirmar que tomaram a decisão correta.

AVALIAÇÕES

São consideradas as atitudes favoráveis ou desfavoráveis de um produto, serviço ou ideia. As ações efetivas dos consumidores são determinadas por seu grau de satisfação, que é resultado das informações acumuladas em experiências passadas, dos relacionamentos com outros indivíduos e grupos e das peculiaridades de sua personalidade. As avaliações são, em grande parte, responsáveis pela decisão do consumidor em continuar com o serviço contratado, especialmente os que tenham pouca diferenciação dos concorrentes.

Imagem é tudo  REFORÇO DE CONTEÚDO

"Falem mal, mas falem de mim!" Esse dito popular antigo e ultrapassado valia quando as ofertas eram muito poucas, e aos serviços bastava serem lembrados. Na era da informação, cada nota (notícia) é acompanhada de uma nota (métrica), ou seja, uma avaliação. E nas redes sociais há gente dando nota para tudo e curtindo... ou não!

O processo da qualidade e seus desvios

Vamos refinar aqui o conceito de qualidade de um serviço. Qualidade é a opinião geral de um cliente sobre sua entrega, que é constituída por uma série de experiências, especificações, necessidades, informações e avaliações bem-sucedidas ou malsucedidas (ENEIA). Depreende-se desse conceito que a distância entre encantar e desapontar são as lacunas que devem ser gerenciadas para melhorar sua qualidade, as chamadas lacunas de qualidade.

> **A qualidade não pode ser parcial, isto é, o encantamento com o cumprimento do prazo de entrega não compensa o desencanto com o fato de a mercadoria não atender às necessidades do cliente.**

A cada oferta, os clientes comparam o serviço entregue com o serviço esperado, e o resultado não pode fugir das equações:

ESPERADO < ENTREGUE → GERA SATISFAÇÃO

ESPERADO = ENTREGUE → GERA CONFORMIDADE

ESPERADO > ENTREGUE → GERA DESAPONTAMENTO

Os aspectos subjetivos do serviço dependem, portanto, da conformidade entre o benefício esperado e o resultado percebido. Esse, por sua vez, depende do ENEIA de cada segmento de clientes e da capacidade e do talento dos prestadores de serviço para apresentá-los.

Medir a qualidade do serviço pode envolver processos subjetivos e objetivos, e a satisfação do cliente é uma medida indireta da qualidade. Em todos os casos, não é possível medir a satisfação completa do cliente, mas sim algumas das expectativas que estão sendo avaliadas e que a atendem de maneira ponderada.

Qualidade de serviço eletrônico: a próxima fronteira

REFORÇO DE CONTEÚDO

Em razão do grande uso da internet e do comércio eletrônico, é necessário medir a qualidade do serviço. Neste caso, a qualidade se expressa em sites que facilitam as compras – da aquisição à entrega – de modo eficiente e eficaz.

Desde o momento em que se consegue localizar a oferta na rede mundial até o fim da transação (entrega do produto ou serviço), a qualidade se evidencia na navegação (facilidade de clicar e se movimentar nos sites), na aderência e relevância (a informação é importante e lógica para o cliente), nas interações de serviço (formulários adequados e equilibrados), na entrega (cumprimento de promessas) e, finalmente, na satisfação total do cliente com o produto/serviço encomendado.

São quatro as dimensões de qualidade de serviço eletrônico que ajudam a prever a satisfação do cliente em suas novas aquisições (Wolfinbarger; Gilly, 2003):

- Website design: o site apresenta boas opções, informações detalhadas, bom nível de personalização, facilidade e rapidez para completar uma transação.
- Serviço ao cliente: as dúvidas dos clientes são solucionadas com interesse e rapidez.
- Confiabilidade: os produtos adquiridos têm as características descritas no site e são entregues no tempo prometido.
- Segurança/privacidade: a privacidade do cliente é respeitada, e o site possui ferramentas de segurança adequadas; portanto, as transações executadas são confiáveis.

O sucesso não está só em satisfazer os clientes, mas também em surpreendê-los. Como vimos, encantar clientes é superar suas expectativas.

Em termos operacionais, a qualidade do serviço pode estar relacionada aos processos (rapidez do serviço); às pessoas (qualificação dos trabalhadores); à tecnologia (velocidade do acesso); ao mercado (ajustes para atender clientes especiais); e a parcerias (distribuidores de valor agregado).

A ilustração que apresentamos a seguir complementa a figura da página 120, em que confrontamos as exigências entre o serviço esperado e o entregue. Assim, é possível acompanhar o fluxo de tomada de decisões para garantir a qualidade dos serviços e notar as lacunas de qualidade que podem afetar o resultado final, no que diz respeito à satisfação do cliente.

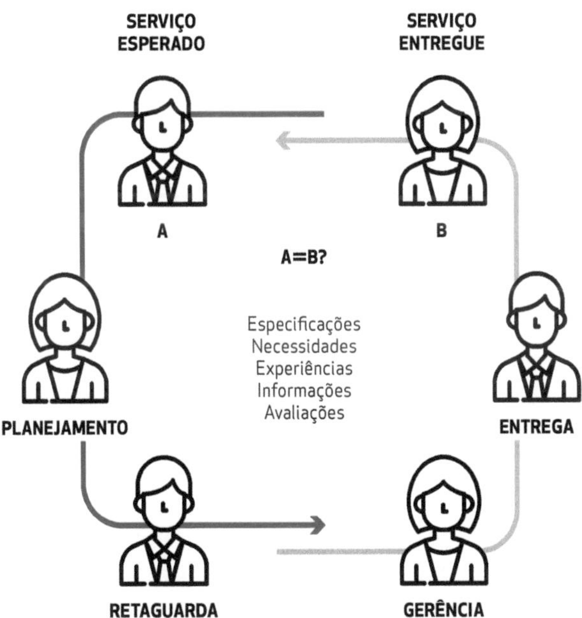

Figura 8 – Etapas do fluxo entre o serviço esperado e o serviço entregue.
Elaborada pelo autor, com base em Parasuraman *et al.* (1985).

Quando duas pessoas combinam alguma coisa e uma delas não cumpre, é comum dizermos "fulano furou com beltrano". Com essa expressão, fica claro para todos que um dos lados está em falta com as promessas, o que compromete a satisfação da outra parte com o combinado.

Em qualidade, chamamos o "furou" de *lacuna*. Assim, quando usamos a expressão "lacuna", queremos dizer que uma das partes não cumpriu o combinado, "furou"!

Em cinco ocasiões principais, o ciclo do ENEIA pode "furar". São as chamadas lacunas de qualidade.

Figura 9 – O que o cliente declarou querer.

© www.projectcartoon.com[4]

4 Essa imagem faz parte de um *cartoon* criado pelo www.projectcartoon.com a partir da charge que foi capa da newsletter n. 53, da University of London Computer Center, de março de 1973, de autoria desconhecida. [N.E.]

LACUNA DE QUALIDADE 1
ENTENDER O MERCADO E DESENHAR A SOLUÇÃO

A leitura do ENEIA de cada segmento de cliente é uma tarefa das mais complexas. Não há condições nem orçamento suficiente para bancar pesquisas de mercado em profundidade e de modo regular. A solução é estar atento aos fragmentos de informação que existem nas oportunidades de interação entre os clientes e as áreas da empresa. Observar as ofertas concorrentes, acompanhar os relatórios de vendas, identificar as preferências dos mercados regionais e extrair o máximo de cada recurso ajudam a compor a solução de qualidade.

Na fase de **planejamento** (*explicada no capítulo 3*) é quando ocorre o desenho da solução, em seu sentido mais amplo, e o acompanhamento das equipes de desenvolvimento e de processos para garantir a conformidade do ENEIA nos padrões de qualidade exigidos para cada serviço e público-alvo.

A primeira lacuna, portanto, ocorre quando o planejamento "fura", ou seja, não se consegue captar o ENEIA do consumidor.

Figura 10 – O que o planejamento entendeu.

© www.projectcartoon.com

LACUNA DE QUALIDADE 2
TRADUZIR OS DIFERENCIAIS E FORMATAR A SOLUÇÃO

Alguns serviços – especialmente os de grande massa de consumidores, como telefonia, utilidades públicas, assistência de saúde – são regulados de maneira bem específica. Isso ocorre pela impossibilidade de o mercado se autorregulamentar e pela imposição de condições econômicas para tornar as soluções possíveis.

No entanto, para os prestadores de serviço de pequeno e médio portes, a tradução do ENEIA permite um escopo muito amplo e um leque ainda maior de soluções. Por exemplo, a definição das cláusulas de uma apólice de seguro, das condições de troca de mercadoria em uma loja, do horário de funcionamento do atendimento, das funcionalidades de um *software*, das regras de reserva do hotel, e assim por diante.

A solução, cuja responsabilidade é da **retaguarda**, consiste em tentar agradar a média do público-alvo e criar tantas alternativas quantas forem possíveis para atender economicamente aos extremos da curva.

Assim, o segundo "furo" ocorre quando os padrões de qualidade determinados pela retaguarda ficam distantes do que foi planejado com base no ENEIA dos usuários.

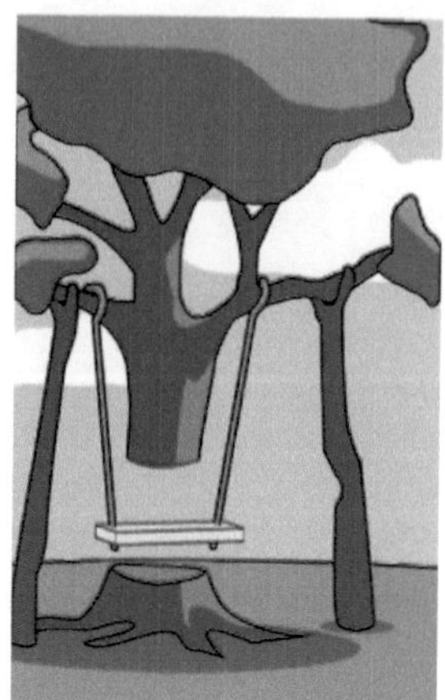

Figura 11 – O que a retaguarda sugeriu.

LACUNA DE QUALIDADE 3
ORGANIZAR O PROCESSO E CUSTOMIZAR AS SOLUÇÕES

Em toda empresa de serviços, existem limites de atuação, regras e processos que servem para atender aos diferentes clientes. Abrir exceções é um privilégio da gerência, mas nem sempre é possível realizar atividades de modo especial ou diferente. Em geral, os controles são rígidos, e as mudanças precisam ser justificadas.

A terceira lacuna está na dificuldade de ajustar normas e processos de qualidade da empresa às adaptações para atender ao ENEIA do cliente.

Figura 12 – O que a gerência quer aprovar.

LACUNA DE QUALIDADE 4
COMUNICAR E APRESENTAR AS SOLUÇÕES

Promover de forma eficiente as vantagens competitivas mais relevantes, informar as condições das transações e aumentar a efetividade das comunicações com consumidores/clientes são as principais responsabilidades na fase de **entrega**.

Trata-se de selecionar o conteúdo que será direcionado para cada segmento-alvo, ou seja, identificar como devem ser promovidos os diferenciais e seus elementos de valor, da forma como são percebidos pelo mercado.

Um "furo" muito comum é a propaganda prometer mais do que pode entregar. A quarta lacuna diz respeito às distorções da comunicação com o mercado ao projetar, anunciar ou apresentar o serviço fora das condições do ENEIA programado.

Figura 13 – O que o atendimento quer prometer.

LACUNA DE QUALIDADE 5
PERCEPÇÃO DO SERVIÇO ENTREGUE

Essa lacuna está relacionada à decisão sobre o que é considerado valor, ou seja, à qualidade percebida e ao juízo avaliativo por parte dos clientes. Consiste em definir os diferenciais que serão promovidos para que o serviço aumente seu valor real aos mercados visados e faça frente aos concorrentes diretos e indiretos.

Seja qual a for a maneira escolhida para calcular a qualidade percebida, em última análise ela vale apenas segundo sua **percepção** pelo consumidor.

A quinta lacuna corresponde à qualidade percebida do serviço; ou seja, acumula todos os "furos" anteriores e mostra a discrepância entre o serviço planejado na visão da empresa e o serviço recebido na ótica do cliente.

Figura 14 – O que o cliente realmente esperava.

©www.projectcartoon.com

As pessoas são responsáveis pela redução das lacunas em todas as fases. Nesse sentido, a empatia – colocar-se na posição do cliente – é fundamental. Se essas pessoas não têm qualidade de vida, respeito e possibilidade de crescerem profissionalmente, esses valores acabam se refletindo na qualidade percebida do produto ou do serviço. As empresas estão procurando um novo profissional que entenda seu papel de servir o cliente e saiba como se encaixar na cultura organizacional para agregar valor à marca.

Atividades

1. PRODUÇÃO DE SERVIÇO

- Formar grupos, cada um deles representando os seguintes personagens: cliente, planejamento, retaguarda, gerência, atendimento e cliente final.
- Deve-se solicitar ao cliente que descreva por escrito um serviço, explicando detalhadamente o que ele gostaria de encontrar.
- Essa descrição escrita deve ser guardada, para comparação mais tarde.
- Em seguida, o cliente deve falar (em particular) para o planejamento quais são os requisitos do serviço esperado.
- O planejamento tem de transmitir para a retaguarda (também em particular) qual foi seu entendimento das exigências recebidas do cliente, comentando aspectos dos serviços.
- Por sua vez, a retaguarda deve transmitir para a gerência as demandas originais entendidas pelos anteriores. Em seu relato deve apresentar oportunidades de melhoria.
- Cabe à gerência acrescentar suas considerações e instruir o atendimento quanto às especificações do serviço esperado, que ele deve descrever para o cliente final.

- O cliente final tem de escrever quais são as especificações e as vantagens do serviço que está sendo entregue pelo atendimento.
- Esse último texto (sobre o serviço entregue) deve ser comparado com o texto inicial (sobre o serviço esperado).
- Em seguida, todos devem identificar as lacunas do fluxo de qualidade do serviço que provocaram as diferenças entre o serviço desejado e a realidade.

Variações possíveis:

- Trabalhar com uma dupla em cada papel e seguir exatamente o roteiro apresentado (as duplas podem criar ruídos entre si, o que dificulta a transmissão fiel das etapas do processo).
- Solicitar aos grupos que documentem cada etapa do roteiro, tendo o cuidado de manter a transmissão oral e particular dos personagens. Esse procedimento facilita a identificação das lacunas.
- Uma pessoa pode assumir o papel de consultor e "atrapalhar" os personagens com seus comentários, o que vai interferir nas lacunas do fluxo de qualidade esperada e entregue.

2. HOTEL DE FÉRIAS OU DE TRABALHO?

Você é o gerente executivo de um hotel situado em uma região de praia, que fica a cerca de 50 km de uma área industrial.

O hotel é bastante completo e dispõe de cem quartos e chalés, ambientes para reuniões, convenções e eventos, áreas de lazer, uma pequena fazendinha, áreas para práticas esportivas e outras facilidades.

Por conta da proximidade com a região metropolitana, as instalações costumam ser utilizadas por empresas durante os dias de semana. Nos fins de semana, a frequência maior é de famílias.

A atividade consiste em fazer o ENEIA das categorias de hóspedes: corporativo e familiar.

Defina os serviços e as facilidades mais atraentes para cada grupo; como serão distribuídos e utilizados os espaços para as atividades de trabalho e lazer; como serão regulados os serviços de alimentação; e como serão tratadas as atividades de entretenimento diurnas e noturnas em cada categoria.

Em seguida, responda:

Considerando o ENEIA dos clientes corporativos e das famílias, como serão anunciadas as vantagens competitivas das ofertas?

É importante considerar, nesta resposta, que um hóspede corporativo, que ficou no hotel em uma convenção de trabalho durante uma semana, pode se transformar em um hóspede familiar no fim de semana. Ele certamente vai exigir tratamento diferenciado nas duas situações.

Ao final, apresente aos colegas um comparativo do ENEIA dos dois tipos de hóspedes. Conclua levantando ajustes necessários nos serviços do hotel, de modo a atender a seus clientes com excelência.

Edmour Saiani

Professor de marketing de relacionamento, do Programa DBM Professional – Universidade Federal do Rio de Janeiro, e de marketing, RH e serviços, na Escola Superior de Propaganda e Marketing, Edmour Saiani é fundador da consultoria em atendimento Ponto de Referência. Atuou em grandes empresas, como CTA, Kodak, Johnson & Johnson, Santista Alimentos, R. J. Reynolds e Pepsi. Ministra palestras, workshops e programas de capacitação.

Entrevista concedida em dezembro de 2015.

O que deve mudar no atendimento para fazer frente às constantes transformações no mundo?

Falar em inovar no atendimento é falar de um paradoxo. Não dá para reinventar a roda. O bom atendimento está ligado a fatores como vocação, liderança, cultura e motivação da equipe, além de recursos, claro. É papel de todos, do presidente ao atendente. O mundo mudou e vai mudar ainda mais. E a forma de as marcas se relacionarem com seus clientes também mudou. A tecnologia avançou muito e fez com que o consumidor amadurecesse.

O cliente quer juntar tudo que tinha de bom lá atrás com a modernidade atual, ou seja: ter a intimidade de seu Zé da venda, com a variedade de produtos de uma cadeia internacional, a comodidade e agilidade dos sites de comércio eletrônico e, principalmente, o relacionamento de confiança que ele teria com um amigo, ainda que eletrônico.

Durante a fase de vacas gordas, a expansão da economia no Brasil, graças à estabilização da moeda, gerou um consumo maluco e irresponsável, que fez com que o atendimento fosse deixado de lado pelas marcas. Com o estado de espírito atual, o consumidor que frequentava a praça de alimentação do *shopping center* cinco vezes por semana reduziu sua frequência para duas idas semanais ao local. Quando vai às compras, não adquire um bem logo na primeira loja. Antes ele analisa, avalia, sente. E só compra o produto de quem faz por merecer sua preferência.

Se, de um lado, o nível de exigência do cliente aumentou, de outro, ele está ávido por fazer verdadeiras alianças em busca de um serviço que o conquiste, que possa elogiar, compartilhar nas redes sociais, transformar em reputação sólida e duradoura. Estamos falando de a equipe ter a real noção da importância do que faz e de o cliente ter um prazer legítimo ao recomendar determinada marca, como algo que realmente adora. Uma coisa é consequência da outra.

Nesse mercado, em que tudo parece igual, a pergunta é: por que as pessoas preferem uma marca? A resposta é unânime: porque ela oferece serviços melhores que as outras. Resta, então, um diferencial quase inimitável a ser praticado: o atendimento não usual. Todos reconhecem que, em ambientes em que o atendimento é a tônica, a convivência é melhor, ganha-se mais em conjunto, evolui-se mais. Nesse novo mundo, marcas grandiosas têm o foco da equipe e o foco do cliente. Nessas marcas, todos ajudam: o planejamento, a retaguarda, a gerência e o atendimento.

Uma cultura, para gerar vantagem competitiva, deve ser digna – respeita quem a ajuda e devolve em recompensa e reconhecimento do que cada um faz pela marca –; valiosa – o funcionário quer trabalhar nela, o cliente quer comprar dela, ambos percebem seu valor –; organizada – tem processos bem modelados e integração de todos, garantindo a entrega competente e o atendimento diferenciado sempre –; e inimitável – ninguém entrega o que ela entrega ou do jeito que ela entrega.

É preciso existir uma causa pela qual todos que trabalham na organização lutem voluntariamente. Ter uma cultura que valorize mais quem entrega a promessa da marca do que quem está na matriz, não desprezando as pessoas que se esforçam tanto e são maltratadas por alguns clientes e até por integrantes da própria equipe. Inspirada por um líder, a equipe se integra.

O serviço tem de ser uma experiência inspiradora nos seis sentidos: tato, olfato, paladar, audição e visão. Ops, faltou o sexto: emoção. Marcas com causa, cultura, equipe, diferenciais e experiência planejada entregam ao cliente tudo o que planejam. E essa entrega vira um caso a ser contado. Atendimento é o grande fator que faz o sexto sentido de cada cliente "adotar" uma marca, comprar, recomprar, elogiar e recomendar. Reputação se constrói assim.

Quem é o novo cliente?

Cliente é cliente. Não importa a geração. Cada pessoa é única. Cada vez mais, o cliente quer as coisas de seu jeito. Não dá para levar em conta a velha máxima "atenda ao cliente como você gostaria de ser atendido". Melhor saber o que ele tem em comum com você e tentar fazer tudo para que se sinta bem. Anos atrás, boa parte das classes C e D nunca havia consumido certos produtos. Clássico exemplo: viajar de avião. Esse cliente não necessita de nenhum comentário do atendimento sobre sua situação financeira, e sim de muita empatia e explicação sobre o produto. Isso requer uma equipe bem informada, gentil e paciente. O cliente que verdadeiramente aprendeu e gostou, se não comprou da primeira vez, quando decidir comprar vai preferir quem lhe atendeu bem. E jamais se esquecerá dessa experiência.

Buscamos informações por todos os lados para garantir que estamos usufruindo bem tudo o que o mundo oferece. Quando aprendemos, adoramos ensinar o que sabemos aos outros. Para ajudar, as equipes devem estar muito bem preparadas para educar, e todos os canais de comunicação têm de estar a postos. Contar histórias faz com que o cliente fique saciado da ansiedade de aprender.

Hoje o cliente sabe quanto vale tudo! Quando ele resolve comprar, já tem noção do quanto quer pagar. Além disso, também reconhece muito bem seu valor e o quanto sua opinião e seu bolso são disputados pelo mercado. E são esses os argumentos que ele leva para suas negociações. O jeito é ter uma equipe com muita autonomia para se antecipar e, na pior das hipóteses, reagir às demandas do cliente. O custo de não dar importância a esse aspecto é o fim da relação com o cliente.

Clientes querem comprar e se conectar onde estiverem e na hora que quiserem: sites, blogs, espaços onde possam dar opinião, elogiar, reclamar, trocar ideias. Se antigamente um cliente insatisfeito falava de sua experiência para outros cinco, hoje é praticamente impossível mensurar o tamanho dessa repercussão. Com o agravante de que qualquer coisa que se publique, na maioria das vezes, é tomada como verdade absoluta e repassada pelos *críticos.com* sem o menor cuidado de checar a veracidade dos fatos. Toda empresa tem de ter mecanismos de busca eficazes para saber em tempo real tudo que estão falando a seu respeito e reagir instantaneamente, criando no cliente uma surpresa tão grande que ele chegue a pensar em telepatia.

Todo mundo tem uma paixão: chocolate, vinho, café, tecnologia, sapato, carro. Se você vende o que é a paixão do cliente, prepare-se para saber mais do que ele. A equipe também precisa ser apaixonada, acompanhar notícias, blogs, revistas, tendências, novidades. Se seu negócio se mostrar "o lugar" para o cliente falar e aprender, o que ele comprou ontem fica velho hoje, e ele morre de vontade de experimentar o que ainda não conhece.

Mais clientes do que se imagina não se submetem ao que os negócios em geral querem que eles consumam. Nem mesmo aceitam a forma como querem que eles consumam. O que querem é dar palpite, usar o que desejar e ser atendidos por quem se pareça com eles. As marcas de produtos e serviços precisam deixar claro que ambicionam a contribuição do cliente e que não se satisfazem apenas em "fazer sua cabeça". A participação dos clientes não só é bem-vinda, mas essencial como fonte de inspiração e encorajamento para os que querem participar e inovar.

Como fidelizar o cliente por meio de sua experiência com o serviço?

O contato do potencial cliente com o serviço poderá resultar em atenção ou desatenção, simpatia ou antipatia, admiração ou desprezo. As emoções ou sensações provocadas em cada indivíduo estão ligadas à sua memória, imaginação, experiências anteriores e, não menos importante, expectativas nem sempre conscientes. Essa é a dificuldade, ou seja, são parâmetros praticamente individuais. Felizmente, há sensações prazerosas e universais que podem ser criadas com relativa facilidade.

Se uma marca propõe produtos e serviços adequados a seu público-alvo, preço justo e de um jeito que o cliente possa pagar, ganha pontos na antiga necessidade de ter algo que se deseja. O centro de prazer é acionado. Daí para frente, trata-se de criar realidades que provoquem emoções prazerosas e prendam a atenção do cliente sem que ele se dê conta e o liberem de prestar essa mesma atenção, porque a marca está fazendo isso por ele. Estar totalmente disponível real ou digitalmente cria a sensação de controlar as situações – o cliente cria a causa de sua experiência. Depois, ele percebe que o design de tudo muda, e essa realidade proporciona um incrível prazer de estar atualizado. E ele nem precisou pensar nisso.

Junte-se a isso o carinho e a presteza com que é atendido e tem suas necessidades antecipadas e resolvidas – ponte direta para os cuidados que todo mundo adora. Se ainda por cima o serviço oferece entretenimento, o cliente se torna uma criança de qualquer idade e, sem querer, adora cada vez mais cada experiência. Aprendendo sempre com a marca, seu estado mental de curiosidade vem à tona e, de novo, atenção total por puro prazer. Outra forma de ter uma boa sensação é deixar que o cliente participe de criações, individualizando tanto quanto possível o que está comprando. Parceria dá muito prazer, e sentir-se único também.

Por fim, saber que a ideologia da marca se parece com a sua; que ela preza a sustentabilidade; que respeita as pessoas, a natureza e, em escala maior, o planeta. A identificação está criada, e os elos se tornam difíceis de romper.

Apatia, demora, atendimento frio, insensibilidade, desinformação, desrespeito e ignorância são os sete pecados do atendimento. Ao buscar a raiz desses pecados, conseguimos identificar que a apatia e o atendimento frio podem ser produto da falta de cultura e da ausência de uma liderança que inspire e motive o bom atendimento. A demora no atendimento ou longas esperas e autoatendimento confuso geralmente são consequência de uma estrutura mal planejada. Insensibilidade e desrespeito certamente são fruto de contratações malfeitas, que relegam ao cliente uma atenção medíocre. Finalmente, desinformação e ignorância, muitas vezes agravadas por atendentes inexperientes, são fruto de falta de capacitação.

Se considerarmos que são necessárias 12 experiências positivas para compensar uma negativa e que, para cada cliente que se incomoda em reclamar, outros 26 ficam calados, o que devemos fazer? Para que insistir em atitudes ou processos que irritam e afastam os clientes? Faça tudo o que estiver a seu alcance para tornar o processo de reclamação e feedback dos clientes verdadeiramente fácil, e os incentive a falar de seus problemas. Pode tomar tempo, mas tenha certeza de que vai valer muito mais para sua boa reputação!

Quando um cliente conta suas histórias, não está simplesmente se lamentando, mas sim lhe ensinando como fazer seu produto, serviço ou negócio melhorar. O cliente solicita um serviço mais vivo, mais humano, mas não é muito confiante de que os agentes dos serviços de atendimento conseguirão resolver suas questões. Por isso, acredita-se que as empresas menores tenham mais foco no atendimento e nos clientes que as maiores.

Decida quais métricas são críticas para medir a satisfação de seu cliente. Prove com dados que seus clientes estão satisfeitos e não hesite em perguntar a eles como estão se sentindo. Resolver uma reclamação a favor do cliente pode fazê-lo voltar a comprar de sua marca. O cliente agradece e retribui na forma de elogios e maior participação da marca em seu volume de compra. Em média, os clientes que elogiam e são fãs de um serviço valem até dez vezes mais do que o valor de sua primeira transação.

Avaliando a qualidade: a satisfação do cliente

Conscientes de que o relacionamento com o cliente é o principal responsável pela sobrevivência e sucesso das empresas, os profissionais devem se preocupar em investigar as verdadeiras necessidades e desejos de seus clientes.

Vimos anteriormente que a percepção de satisfação do cliente determina se o produto ou serviço é bem-sucedido ou não. Aprendemos também que os critérios de satisfação são subjetivos e, portanto, diferentes, variam de cliente para cliente. Aqui vamos buscar entender melhor por que esse tema é tão importante para todos: empresas, funcionários, mercado.

No que consiste a satisfação do consumidor

Em alguns processos, é possível saber objetivamente se um compromisso estabelecido foi cumprido ou não. Isso não acontece na relação com os clientes, porque sua expectativa e sua percepção não seguem um padrão; são diferentes para cada um.

Assim, dois fatores são importantes para garantir a satisfação: o desempenho dos atributos mais relevantes do produto, atendendo ou superando a expectativa do consumidor; e a compensação de eventuais falhas na compra/consumo – se tudo der certo ao fim do processo, o cliente estará disposto a perdoá-las.

Por isso, quando você atende a um cliente, é fundamental identificar quais características do produto ele considera relevantes e fazer uma oferta que corresponda àquilo que deseja. Vale lembrar que esses atributos terão graus de importância diferentes para cada cliente e que é a satisfação dos consumidores em cada atributo que determina o grau de satisfação.

Entender o cliente antes de lhe atender, portanto, é uma questão determinante para a qualidade.

Promessa é dívida  REFORÇO DE CONTEÚDO

A família decide fazer compras para o Natal em um site de comércio eletrônico com referências positivas de clientes e escolhe um conjunto de produtos de uma marca de prestígio. A compra inclui uma geladeira, aparelhos eletrônicos e brinquedos para as crianças, de modo que satisfaça a todos. Os preços estão competitivos em relação a outras ofertas, e o prazo de entrega está anunciado para uma data anterior a 24 de dezembro.

Ocorre que o sucesso nas vendas provoca um excesso de pedidos e faz com que a empresa tenha dificuldade de atender aos compromissos assumidos com os clientes. Ao olharmos a situação sob o ângulo do processo, é fácil identificar que houve uma quebra de contrato, o que sempre deixa uma das partes insatisfeita.

Mas como reagem os adultos e as crianças envolvidos nessa transação? As utilidades, como o nome indica, eram importantes, e continuam sendo uma compra esperada. Os adultos foram compreensivos e aceitaram o atraso, dividindo a culpa com as dificuldades de fim de ano. O mesmo não se pode nem se deve esperar das crianças, que ficaram frustradas porque seu presente não chegou a tempo para o Natal.

Em situações como essa, a empresa deve ter a sensibilidade de alterar os processos, por exemplo, mudando o prazo de entrega tradicional de outras épocas do ano ou contratando serviços extras para evitar o desgaste no relacionamento com os clientes.

Para entender a questão de serviços e valores agregados, vamos exemplificar com o quarto de uma pousada.

Ao descrever o quarto ou pôr uma foto no site, você está apenas mostrando os atributos do produto: cama grande coberta com lençol bonito, duas mesinhas com abajur e uma televisão.

Agora, imagine que o hóspede abre a porta do quarto, olha para a cama, joga a mochila no chão e - oba! - salta e aterrissa em um colchão macio como ele havia imaginado. Essa é, sem dúvida, uma experiência de serviço inesquecível!

Depois de curtir o espaço, o hóspede satisfeito pode ainda divulgar a notícia para seus amigos nas redes sociais. Mas isso só ocorrerá se sua percepção de valor for justificada e sua satisfação puder ser compartilhada com os outros.

Ao falar em qualidade, nos concentramos em vários pontos que vão desde as expectativas mais íntimas das pessoas, suas experiências anteriores, suas necessidades e as opções de que dispõe para satisfazê-las até a percepção de valor agregado, de custo-benefício, a sensação de estar fazendo um bom negócio, a confiança em um produto, serviço, marca, empresa.

Algumas empresas preocupam-se em medir a satisfação de seus clientes como um termômetro qualitativo da imagem que terão amanhã. Para isso, ouvem e interpretam a opinião deles. Elas sabem que o marketing um a um e a propaganda boca a boca são mais eficazes ao longo do tempo. Uma das principais razões que levam as empresas a monitorar as expectativas e a satisfação de seus clientes está na construção de sua imagem, corrigindo o rumo e reorientando as ações. Quem atende ao cliente deve estar atento ao resultado dessa ação. O que precisa ser melhorado? O que está dando certo? As respostas a essas perguntas frequentemente envolvem um feedback de seu trabalho.

Outro forte motivo para o acompanhamento sistemático das reações do mercado está na busca da fidelização. É mais barato e mais simples manter o cliente que está dentro de casa do que conquistar outros. As ações de fidelização significam basicamente prevenir a evasão dos clientes atuando precocemente, ao menor indício de insatisfação. Contudo, não é incomum ter no mercado produtos com qualidade e desempenho bastante similares. Então, é no momento do contato com o cliente que se busca esse vínculo. Se você seguir os passos que demonstramos até aqui, como entender as necessidades e as expectativas do cliente? É provável que conquiste sua confiança e que isso se estenda à marca e à empresa.

O que o cliente espera ao conseguir um cartão de fidelidade de sua loja favorita? Vantagens como descontos diferenciados, prioridades nas promoções e reconhecimento como cliente especial.

O que a loja espera do cliente ao convidá-lo para receber gratuitamente um cartão de fidelidade? Que ele visite regularmente a loja (fidelidade no comércio não quer dizer exclusividade), aproveite as ofertas especiais para adquirir algum produto e seja um "promotor" do estabelecimento para seus amigos.

O que esse relacionamento traz para compradores e vendedores? Qualidade de informações para ambas as partes e maior interação e intimidade entre elas. A loja sabe o que oferecer para o cliente que, por sua vez, sabe o que pode encontrar. Some-se a isso a cumplicidade da troca de informações sobre ofertas concorrentes.

A excelência na gestão do negócio, que pressupõe a conformidade com os critérios de avaliação dos prêmios de qualidade, é outro ponto essencial. Não por acaso, esses critérios contêm a mesma intenção de acompanhar os desejos, as necessidades e a reação dos clientes às ações da empresa.

Outra razão para esse controle está ligada ao reconhecimento. Ainda que você não atue com atendimento a clientes, isso deve despertar seu interesse, uma vez que, como colaborador, está inserido nos princípios e valores da empresa em que trabalha. Foram pessoas com uma crença e uma determinação incomuns, além de talento para o negócio, que lançaram as bases de todas as organizações importantes existentes hoje. Naturalmente, essas pessoas não eram contra o lucro, mas se gratificavam, sobretudo, com o reconhecimento do mercado, com a admiração e o respeito de seus clientes. O lucro dentro desse contexto ético, humano, é a legítima manifestação de saúde da organização. E seu caminho natural é o reinvestimento, em busca de produtos e serviços surpreendentemente melhores para os clientes, condições dignas e qualidade de vida aos integrantes da empresa e participação ativa e responsável na sociedade em que está inserida.

ATRIBUTOS RELEVANTES PODEM OFERECER VANTAGENS COMPETITIVAS

Quando se mede a percepção de mercado de um produto ou serviço, é preciso focar no que realmente importa para o cliente. Pode-se fazer isso com pesquisas de mercado que usem abordagens qualitativas e quantitativas para identificar e hierarquizar os atributos numa situação supostamente ideal, antes de medir a satisfação com esses atributos na realidade.

Por exemplo, a operadora de um cartão de crédito tem de identificar o ranking de atributos mais valorizados pelos clientes, ou seja, a relevância dada por estes a taxas de juros convenientes, aceitação ampla e diversificada, limite de crédito adequado, anuidade justa, atendimento ágil, cortês e eficiente, etc. Com base na informação dos clientes sobre o que de fato importa para eles, pode-se, então, aferir sua satisfação em relação ao produto ou serviço utilizado.

Vamos ilustrar com um exemplo: cinco atributos do cartão de crédito são classificados por ordem de relevância pelos clientes:

- Taxa de juros: 90 pontos.
- Aceitação nas lojas: 85 pontos.
- Limite de crédito: 65 pontos.
- Anuidade e parcelamento: 48 pontos.
- Atendimento aos clientes: 45 pontos.

No entanto, a ordem de importância dos atributos muda quando se mede a satisfação dos clientes:

- Aceitação nas lojas: 90 pontos.
- Limite de crédito: 80 pontos.
- Atendimento aos clientes: 70 pontos.
- Taxa de juros: 32 pontos.
- Anuidade e parcelamento: 23 pontos.

Dessa forma, é possível situar os atributos do produto ou serviço em um gráfico, como vemos a seguir:

GRÁFICO 3 – ***RELEVÂNCIA X SATISFAÇÃO QUANTO A PRODUTOS E SERVIÇOS OFERECIDOS***

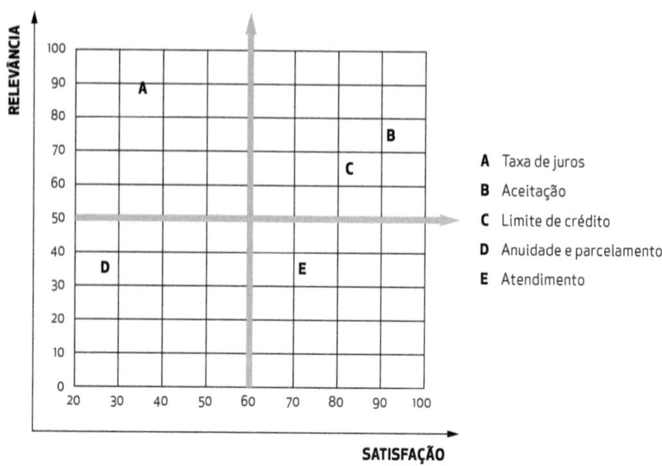

Adaptado de Magalhães (2006).

Vale a pena conhecer a abordagem que nos permite aprofundar o entendimento das necessidades de mercado por meio da análise da relevância *x* satisfação. Trata-se de uma visão integrada dos atributos-chave do produto ou serviço, direcionando as ações de acordo com as quatro possibilidades seguintes:

- **Alta relevância e alta satisfação (atributos B e C):** tome muito cuidado! – Se um dos mais importantes atributos do produto ou serviço está sendo muito bem atendido, é preciso cuidado especial para prevenir acidentes de percurso. No exemplo do cartão de crédito, se o índice de satisfação com a "aceitação do cartão ampla e diversificada" é alto (segundo lugar no ranking de satisfação), seria crítica uma eventual troca de bandeira, com a consequente substituição da rede de lojas conveniadas.
- **Alta relevância e baixa satisfação (atributo A):** aqui é preciso foco total! – Se um aspecto importante para o cliente não está sendo entregue com a qualidade requerida, é aí que se deve pôr energia, talento, tempo e recursos da empresa, visando corrigir o problema e até mesmo aproveitar a oportunidade para sair na frente dos concorrentes, agregar maior valor relativo e conquistar fatias extras de mercado, caso eles também tenham sido mal avaliados.
- **Baixa relevância e baixa satisfação (atributo D):** apenas um diferencial – Mesmo que um requisito não esteja entre os mais importantes, se a satisfação se apresenta muito baixa, é preciso atuar para prevenir problemas, agregar mais valor ao produto ou serviço e até capitalizar um possível diferencial, caso os concorrentes também estejam enfrentando níveis baixos de avaliação.
- **Baixa relevância e alta satisfação (atributo E):** acompanhe sem esforço! – Não é importante gastar energia e recursos com aspectos secundários do fornecimento, com os quais os clientes já se encontram satisfeitos. É o caso real de um *shopping* que se orgulhava de seu tamanho e do número de lojas, e que não se cansava de anunciar seu porte avantajado e suas intenções de expansão, mesmo depois de uma pesquisa que demonstrou que

os clientes pouco se importavam com esse aspecto, classificado entre os últimos atributos do ranking, e que estavam satisfeitos com a configuração atual. Em consequência, foi recomendada a mudança da linha de comunicação, enfatizando-se a diversidade de lojas que viria com a expansão, requisito muito mais importante no ranking e cujo nível de satisfação ainda apresentava espaço para melhorias.

INSTRUMENTOS DE AVALIAÇÃO DA SATISFAÇÃO DA QUALIDADE

Como já dissemos, a opinião do cliente é preciosa e deve ser monitorada. Hoje as empresas dispõem de vários instrumentos para avaliar a satisfação do cliente com produtos e serviços, dos mais simples aos mais elaborados, realizados pessoalmente ou por telefone, site, chat e e-mail. O objetivo é a crescente melhoria no relacionamento com o cliente. Por isso, dúvidas, reclamações, sugestões, expectativas, interesses e desejos dos clientes são tão fundamentais para construir esse relacionamento. Cada cliente conhece melhor que ninguém suas próprias necessidades e pode escolher e decidir quais produtos e serviços adquirir.

Entre os instrumentos disponíveis para avaliar a qualidade do relacionamento com os clientes, os mais frequentes são: **Serviço de Atendimento ao Consumidor (SAC)**, **Ouvidoria** e **Central de Relacionamento com o Mercado (CRM)**, como veremos a seguir.

SERVIÇO DE ATENDIMENTO AO CONSUMIDOR (SAC)

O Serviço de Atendimento ao Consumidor (SAC) é um dos melhores instrumentos para avaliar as diferenças de percepção entre os serviços das empresas. São estruturas de atendimento ao consumidor que registram problemas com produtos e serviços, e encaminham a solução. Com a evolução dos conceitos de marketing de relacionamento, porém, os SAC ganharam importância dentro das organizações, passando a ser vistos como canal para a aplicação de técnicas de fidelizar clientes.

O tamanho da estrutura dos SAC pode variar desde um número de telefone 0800, para chamadas gratuitas dos consumidores, até complexas áreas de call center, com equipes especializadas e softwares integrados aos sistemas de gestão.

O fundamental é que exista um processo para registro das chamadas que alimente os sistemas de informações, reduzindo de tal forma a incidência de reclamações ou até eliminando as causas das ocorrências.

Quando a empresa oferece a seu consumidor um SAC, está construindo uma ponte de relacionamento que atrai negócios. No entanto, quando a empresa cria um obstáculo, como um cadastramento prévio ou dificuldades no atendimento, está erguendo um muro no relacionamento que afasta os negócios.

OUVIDORIA

Ouvidor é um profissional contratado por um órgão, instituição ou empresa com a função de receber críticas, sugestões e reclamações de usuários e consumidores. Deve agir de forma imparcial, para mediar conflitos entre empresas e seus consumidores.

Hoje esse profissional passou a ser chamado de *ombudsman*, tanto na iniciativa privada quanto na pública, para designar um elo imparcial entre uma instituição e a comunidade de usuários.

A Ouvidoria padece de uma dupla dificuldade: de um lado, clientes pouco informados ou com experiências anteriores negativas com empresas e, do outro, organizações que entendem que ela atravessa a hierarquia institucional. Para que isso seja resolvido, sua atuação tem de estar amparada nos fatos que lhe são apresentados.

Se o cliente reclama, ele tem suas razões! Houve um erro de processo, um atendimento pessoal desastroso ou outros fatos, evitáveis ou não. A atenção ao cliente deve ocorrer de forma harmoniosa e imparcial, para que ambas as partes obtenham ganhos nesse jogo. É claro que a mediação de conflitos tem papel relevante em qualquer Ouvidoria. Mas essa é apenas uma das funções desempenhadas por ela e não pode ser confundida com a razão maior de sua existência, que é a de procurar harmonizar o relacionamento cliente-empresa, alavancando a qualidade do serviço.

Uma questão importante para as organizações é como interpretar e dar a devida dimensão às manifestações recebidas por intermédio da Ouvidoria. Não se trata, todavia, de negar a importância e a necessidade do acolhimento e do tratamento das questões de forma individual, mas, sim, de cuidar para que isso seja realizado sem prejuízo da manutenção do foco no coletivo.

Informações de clientes devem ser vistas como observações relativas à percepção da qualidade do serviço ou produto fornecido pela organização. Ouvi-las é uma forma de buscar a ampliação da qualidade.

O simples fato de o cliente ter buscado a Ouvidoria da empresa deve ser interpretado como indicativo do desejo de continuidade do relacionamento com a organização. Ou seja, é a confiança do cliente que ainda pode ser resgatada, é a última oportunidade para sanar administrativamente um conflito e, consequentemente, evitar uma pendência judicial, algo negativo para a imagem e os resultados financeiros da empresa.

Pode-se dizer que o trabalho realizado pela Ouvidoria está diretamente relacionado com a melhoria de imagem da organização, mas não deve ser confundido com o que é realizado pelo SAC. A diferença entre os dois está no fato de a Ouvidoria ter seu foco no coletivo, mantendo, portanto, preocupação com a melhoria do processo de trabalho e procurando evitar que a questão se torne recorrente dentro da organização, enquanto o SAC se preocupa com a solução de questões individuais.

CENTRAL DE RELACIONAMENTO COM O MERCADO (CRM)

Nesta publicação, optou-se por traduzir CRM (Customer Relationship Management) como Central de Relacionamento com o Mercado, em vez do usual Gestão do Relacionamento com Clientes, para facilitar pesquisas do leitor relacionadas com "conhecer os clientes".

Os sistemas de CRM têm a missão de conhecer profundamente os relacionamentos das organizações e a qualidade de seus serviços. A sistematização dos processos de atendimento e o registro dos contatos com os clientes são consolidados no CRM.

A chave do sucesso de qualquer negócio é entender quem é o cliente, suas necessidades e desejos, para oferecer soluções integradas, cujos serviços e valores sejam percebidos por ele.

Nas pequenas organizações de varejo, por exemplo, as relações pessoais prevalecem, e a avaliação visual do comportamento dos vendedores na loja pode alterar a qualidade dos serviços prestados. Nesses estabelecimentos, é importante que haja um processo para registrar as ligações telefônicas e os e-mails, que, se bem construído, pode ser percebido como qualidade de serviço pelos clientes.

No passado, o contato com o cliente era muito personalizado; atualmente ele se multiplica em mídias, ligações, comunicações, assistências técnicas, e-mails e máquinas de atendimento. Ou seja, conhecer o cliente ficou cada vez mais complexo.

O crescimento das redes sociais provocou uma revolução na comunicação, logística, distribuição e formas de pagamento, o que reforça a necessidade de entender em profundidade o comportamento do cliente e muitos aspectos do ENEIA (especificações, necessidades, experiências, informações, avaliações). Entre outras inovações, o CRM tornou possível, em larga escala, a gestão de relacionamentos com o cliente e uma busca constante pela personalização em massa.

Pesquisas de satisfação do cliente

A satisfação e a fidelização (repetição da compra) do cliente dependem diretamente de a empresa atender à sua expectativa de adquirir ofertas de maior valor agregado e de melhor custo-benefício. O fornecedor deve, incansavelmente, aumentar o valor agregado da oferta para o cliente alterando os fatores dessa equação, ou seja, elevando os benefícios em proporção maior do que os custos ou reduzindo os esforços exigidos do cliente, sem pedir que ele abra mão de benefícios.

Quando se quer intervir nessa relação de benefícios, um dos principais instrumentos são as pesquisas de satisfação de clientes. Embora a importância desse tipo de pesquisa seja senso comum, sua aplicação nem sempre é aproveitada em todo seu potencial. As respostas devem ser medidas, quantificadas e transformadas em novos caminhos para a melhoria contínua da atuação da empresa. Quem já atua em empresas ou está se qualificando para entrar no mercado precisa estar atento às pesquisas, porque suas respostas provavelmente vão sugerir interferências na forma de atender, mostrando aquilo que deve ser mantido e o que deve ser aperfeiçoado.

Para avaliar qualquer aspecto da satisfação de clientes, é necessário compreender seu ENEIA. Perceber as expectativas, mapear os anseios e conhecer profundamente as necessidades dos clientes é essencial para que os dados sejam coletados e analisados de maneira coerente com a experiência e as informações do universo do consumidor.

Qualidade, satisfação e fidelidade  REFORÇO DE CONTEÚDO

Não devemos confundir satisfação, valor percebido e fidelidade. Quando falamos em satisfação, estamos nos referindo à experiência completa do consumidor, confrontando o serviço esperado com o entregue.

Qualidade é o valor percebido. Envolve diferenciais tangíveis, intangíveis e conceituais.

Satisfação é a aceitação da qualidade esperada e a percepção do cliente de que as promessas do vendedor foram cumpridas.

Fidelidade é uma combinação de interação, satisfação e valores percebidos em comum que sustentam uma relação a longo prazo.

Adaptado de Duarte (2014).

A pesquisa de satisfação não busca culpados ou heróis, mas sim compreender as ações passadas para potencializar as futuras. Serve para entender como ocorre a experiência do consumidor, para abrir novas oportunidades e tornar a excelência um hábito.

Além de ser criteriosa, a pesquisa de satisfação deve ser o mais regular possível. Pesquisas pontuais tornam difícil a identificação de oportunidades. Quanto mais constante e habitual for o procedimento, mais fácil será entender o histórico e os eventuais desvios.

Também não é necessário recorrer a modelos sofisticados e altamente tecnológicos para conhecer os clientes. Como veremos mais adiante em alguns modelos, um número reduzido de perguntas pode ser esclarecedor. As pesquisas oferecem aos clientes a oportunidade de serem ouvidos regularmente, e não apenas nas reclamações. Devem ser objetivas, usando questões de fácil entendimento pelos clientes e abordando atributos e ações que possam ser corrigidos ou melhorados. Visam, portanto, a mudanças nesses pontos. Esses atributos indicam caminhos palpáveis e geram temas relevantes para todas as áreas. Nesse sentido, comparar medidas de satisfação com dados geográficos, demográficos, produtos e comportamento do cliente é bem útil.

A pesquisa deve ser direcionada, sempre que possível, para públicos selecionados. Cada público-alvo tem seu próprio ENEIA e deve ser analisado de maneira individualizada.

Ao ter acesso a pesquisas, procure entender as diferenças entre clientes com graus de relacionamento distintos (clientes frequentes ou novos reagem de maneira diversa aos estímulos das empresas) e esteja atento se algum grupo se sente desprestigiado perante outros. No atendimento, trate de esclarecer ou eliminar esses pontos, antecipando-se à insatisfação dos clientes.

Os clientes devem ser incentivados a responder a essas pesquisas, e você, que se relaciona diretamente com eles, pode mostrar o quanto é importante sua contribuição. A empresa pode ainda oferecer pequenas bonificações como estratégia para ampliar as respostas e informações.

Benefícios para todos

REFORÇO DE CONTEÚDO

Quando um determinado curso de idiomas ofereceu descontos significativos aos novos alunos, o grau de satisfação das turmas antigas, que cursavam as últimas séries, foi muito prejudicado, pois já haviam contribuído por vários anos sem terem recebido tratamento equivalente. Na visão deles, esse tratamento seria uma recompensa pela lealdade durante todo o curso. Frequentemente, o mesmo fenômeno ocorre em campanhas para novos clientes em mercados altamente competitivos, como telefonia e assinaturas de mídias.

A pesquisa de satisfação, quando efetiva, analisa e aponta novos caminhos, e isso deve incluir toda a operação, divulgando os resultados para que as áreas entendam de que modo podem contribuir para as melhorias e inovações em pontos surpreendentes.

Pesquisas de satisfação de clientes são vistas com bons olhos pela ISO 9001, como pode ser conferido no item 9.1.2 da Norma ABNT NBR ISO 9001:2015, reproduzido a seguir:

> 9.1.2. Satisfação do cliente
>
> A organização deve monitorar a percepção do cliente do grau em que suas necessidades e expectativas foram atendidas. A organização deve determinar os métodos para obter, monitorar e analisar criticamente essa informação.
>
> NOTA - Exemplos de monitoramento das percepções dos clientes podem incluir pesquisas com clientes, retroalimentação do cliente sobre produtos e serviços entregues, reuniões com clientes, análise de participação de mercado, elogios, pleitos de garantia e relatórios de distribuidor. (ABNT, 2015, p. 19)

PESQUISA DE SATISFAÇÃO EM LOJAS VIRTUAIS

É muito importante que, em tempos de competitividade acentuada e sistemas de informações cada vez mais sofisticados, as empresas monitorem a qualidade do atendimento.

A excelência na qualidade dos serviços percebida pelos clientes é essencial para garantir a satisfação da experiência de compra. Nas lojas virtuais, essa percepção é bastante afetada pela eficiência da retaguarda.

Pensando nisso, e para ajudar o planejamento e a gerência, foram identificadas as dimensões específicas, conhecidas como Qualidade dos Serviços Logísticos (QSL) – em inglês, Logistics Service Quality (Mentzer *et al.*,1999) –, que contribuem para a satisfação dos clientes e sua retenção e/ou lealdade.

A QSL foi definida como o impacto das operações de logística nos consumidores. A qualidade do serviço de logística influencia o fluxo e a disponibilidade de informações entre comprador e fornecedor. Essa relação pode ser percebida na quantidade de mercadorias entregues e no tempo dispendido para essa operação, bem como nas ações de pós-venda, quando é necessário resolver eventuais problemas com produtos e serviços.

Embora planejamento e gestão estejam nas atividades do empresário, neste momento é importante que todos os profissionais do segmento de serviços conheçam essas dimensões, as quais abrangem o processo de compra de forma integral. Os indicadores QSL são divididos em dois níveis, a saber:

- **Tangível ou operacional –** definido por meio de características físicas dos serviços de logística e da capacidade do varejista de fornecer produtos e serviços de acordo com as necessidades dos clientes. Para avaliá-lo, é preciso considerar questões como:
  - As informações dos produtos foram suficientes?
  - Os produtos comprados apresentaram defeitos?
  - A entrega dos produtos comprados respeitou as condições informadas pela loja?
  - Os produtos entregues apresentaram avarias?
  - No site, as informações sobre o uso do produto são precisas?
  - O tempo entre a compra e a entrega foi relativamente curto?
- **Intangível ou relacional –** definido pela capacidade do varejista de compreender e responder de forma proativa às exigências dos clientes. Esse nível está focado na confiança dos clientes e

na marca do varejista. Para mensurá-lo, é preciso atentar-se às seguintes questões:

- A qualidade do atendimento pós-venda é adequada, atende às expectativas?
- No caso de não conformidade do produto, o reenvio é aceito como forma de devolução do produto?
- As entregas respeitam o prazo informado no momento da compra?
- Os representantes da empresa fazem o que estiver a seu alcance para resolver problemas imprevisíveis?
- Os representantes da empresa encontram soluções para qualquer solicitação dos clientes?
- O conhecimento dos representantes da empresa é adequado?

COMO FAZER PESQUISAS DE SATISFAÇÃO

Pesquisa de satisfação de clientes é um conjunto de técnicas de análises estatísticas e abordagens especializadas desenvolvidas para avaliar a satisfação de determinado público-alvo ou diferentes nichos de mercado sobre produtos, experiências ou serviços específicos.

A pesquisa de satisfação, quando aplicada corretamente, pode ser o melhor caminho para empresas que buscam a melhoria contínua de seus serviços ou produtos e pretendem traçar um plano de ação para conquistar clientes ou reter os existentes.

Para cada necessidade, devem ser consideradas a abordagem adequada e a utilização das técnicas tradicionais de pesquisa, como as de tratamento de amostras, escalas de preferências, etc.

Esse processo pode ser conduzido internamente ou por meio de terceiros especializados, dependendo de seu tamanho, abrangência ou complexidade. Ao realizar as pesquisas com uma equipe própria, existe o risco de o cliente se sentir coagido a dar respostas favoráveis à empresa com a qual tem bom relacionamento. Portanto, as pesquisas de satisfação devem ser realizadas, de preferência, de forma automatizada, para que o cliente fique à vontade ao expor suas reais opiniões/percepções.

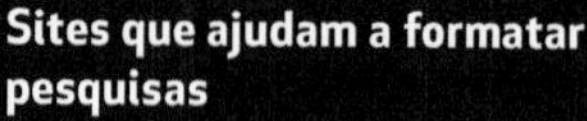

Sites que ajudam a formatar pesquisas

REFORÇO DE CONTEÚDO

Inúmeros sites trazem questionários de satisfação de clientes, modelos e formulários prontos para serem personalizados pelas empresas, o que agiliza o início do trabalho. Para a construção de questionários de pesquisa de satisfação on-line, os sites mais acessados e utilizados pelos profissionais do mercado brasileiro são:

www.avalio.com.br

www.google.com/forms/

www.netpromoter.com

www.satmetrix.com

www.surveymonkey.com.br

www.survio.com

Mesmo para um profissional especializado, começar com um modelo gratuito de questionário de satisfação de clientes é vantajoso, pois reduz o tempo do projeto e pode fornecer ideias de novas perguntas relacionadas à satisfação do cliente.

Em sites especializados, é possível encontrar tutoriais sobre como construir questionários de satisfação de clientes. Você poderá formular suas próprias perguntas e gráficos, e o questionário estará pronto. Dessa forma você terá ajuda na construção da enquete e evitará outros problemas que possam distorcer os resultados.

Questionar os clientes que não utilizam determinados serviços há meses é uma forma de identificar o que houve de errado e o que é possível fazer para reconquistá-los. Um questionário de feedback de clientes também pode ser uma excelente ferramenta para conhecer o desempenho dos funcionários e como a função de cada um deles está ligada à satisfação do cliente.

Questionários de satisfação de clientes são ainda uma excelente ferramenta para facilitar a comunicação frequente entre a empresa e seus clientes. Eles podem funcionar como um lembrete de que a empresa está por perto e valoriza os negócios do cliente.

A seguir, apresentamos quatro situações em que pesquisas podem melhorar a qualidade do serviço e, consequentemente, a satisfação do cliente:

- **Questionário de satisfação de clientes –** uma simples busca com essas palavras na web pode indicar diversos formatos para medir com precisão a satisfação do cliente em relação a uma empresa e seus produtos e serviços. Para avaliar se há espaço para melhorias, deve-se pedir que os clientes respondam apenas às perguntas sobre produtos ou serviços que eles realmente consumiram. Oportunidades para a criação de produtos podem ser identificadas, por sua vez, avaliando-se respostas que indiquem expectativas não atendidas.
- **Questionário de atendimento ao cliente –** é possível fazer uma busca ainda mais específica na internet de modelos de pesquisa que avaliem a eficácia do Serviço de Atendimento ao Cliente (SAC) e de agentes de retaguarda. O questionário *on-line* pode ser enviado aos clientes que acabaram de fazer uma compra. As respostas podem trazer sugestões valiosas sobre como melhorar as características do produto ou corrigir falhas do serviço.

O responsável pelo questionário deve enviá-lo imediatamente depois de cada interação com clientes para descobrir, por exemplo, se o contato com o atendimento não apresentou nenhuma dificuldade e se os representantes foram prestativos e amigáveis. A pesquisa pode ser usada ainda para medir o tempo de espera para o atendimento, a taxa de resolução de problemas e o conhecimento dos representantes sobre produtos e serviços. Assim, o responsável terá certeza de que o atendimento causou uma boa impressão nos clientes.

- **Questionário B2B –** cada cliente tem necessidades únicas, especialmente quando são empresas. Aqui é bom que se reforce que o questionário de satisfação não deve ser aplicado apenas a pessoas físicas. Empresas também podem ser objeto da pesquisa de satisfação de clientes, para identificar aspectos de seus produtos e serviços. Dessa forma, é possível assegurar que os clientes voltem sempre.

Questionários podem ajudar a identificar clientes mais leais e influenciadores, quem são os usuários avançados, clientes especiais ou *premium*. Não importa a denominação; eles são a chave para saber exatamente o que a empresa está fazendo corretamente, o que deve continuar fazendo e o que precisa começar a fazer.

- **Questionário do Net Promoter® Score (NPS)[1] para empresas de tecnologia –** medir seu NPS pode ser uma das maneiras mais eficientes de promover a lealdade do cliente e assegurar o sucesso futuro da empresa. O NPS é um método para medir a satisfação e a fidelidade dos clientes. Empresas no mundo inteiro, especialmente de tecnologia, utilizam esse método e acompanham os resultados e o crescimento de seus negócios.

O NPS é mensurado com apenas uma pergunta simples, classificada como a pergunta definitiva: "Em uma escala de 0 a 10, o quanto você indicaria nossa empresa para um amigo?" (Reichheld, 2006). Como desdobramento das respostas, os clientes são classificados em três

1 NPS®, Net Promoter® e Net Promoter® Score são marcas registradas da Satmetrix Systems, Inc., Bain & Company e Fred Reichheld.

categorias: detratores, neutros e promotores. São considerados detratores os clientes que tiveram uma experiência extremamente negativa com a empresa; são considerados neutros aqueles que tiveram uma experiência mediana com a empresa e facilmente migrarão para o concorrente se as ofertas ou condições de compra forem melhores; e são considerados promotores os clientes que tiveram uma experiência ótima com a empresa e se tornaram defensores da marca.

O método parte do princípio de que a reação dos clientes é a base para crescer. Cultivar clientes que promovam a marca deve ser o foco de todo o esforço das empresas.

Atividade

Escolha uma empresa de seu interesse e uma situação de atendimento a clientes. Sugestões: restaurante, pousada, loja de moda, assistência técnica, operadora de telefonia, salão de beleza, clínica de cuidados estéticos, loja de decoração, serviço de limpeza.

Selecione um entre os sites que oferecem, sem custo, ferramentas para a construção de questionários de pesquisa de satisfação, indicados no box da página 160.

Construa, no site selecionado, um questionário para a situação e o negócio. Se possível, solicite a um grupo de clientes dessa empresa (ou pessoas que conheça, mas não sejam clientes da empresa) que responda ao questionário que você elaborou.

O exercício consiste em preparar um relatório que indique de que modo os resultados da pesquisa podem ser utilizados para melhorar o atendimento. Nesse documento devem constar:

- Perfil da amostra: situação demográfica dos respondentes.

- Atributos: identificar os atributos físicos, serviços e experiências que fidelizam os clientes.
- Satisfação: quantificar em uma escala numérica (de 1 a 5) o grau de satisfação dos clientes para cada um dos atributos identificados e para o atendimento geral, sendo:

1. Muito insatisfeito
2. Insatisfeito
3. Indiferente
4. Satisfeito
5. Muito satisfeito

- Resultados: principais "descobertas" da pesquisa – do que o cliente gosta.

Finalmente, o relatório deve conter informações sobre o processo da pesquisa, o tempo médio de preenchimento e o entendimento das questões pelos respondentes.

Sistemas e regulações da qualidade

A qualidade é um atributo desejado por qualquer empresa ou prestador de serviços. Embora ela assuma formas diferentes de acordo com o produto, o serviço e até mesmo com o cliente/usuário, há meios comuns para alcançá-la e mantê-la, independentemente do tipo de negócio.

Para garantir a qualidade, as empresas precisam atender às exigências e especificações de produção de bens e serviços. A essa forma de produzir, que obedece a requisitos de garantia da qualidade, chamamos de Sistema de Gestão da Qualidade (SGQ).

O SGQ é um conjunto de elementos interligados, integrados na organização, que funcionam como uma engrenagem para cumprir sua política da qualidade e objetivos, tornando visíveis os produtos e serviços e atendendo às expectativas dos clientes.

Já o sistema de gestão de uma organização pode ser artesanal, quando o próprio dono do negócio executa todas as atividades – incluindo a entrega do produto ou serviço ao cliente – ou mais complexo, quando todos os processos são planejados e executados com base nas diretrizes da administração superior.

Logo, quando uma organização institui seu sistema de gestão, está estabelecendo uma forma de administração adequada a seu porte, produto ou serviço oferecido, características das pessoas que compõem a equipe, atividades e seus métodos de desenvolvimento.

O SGQ estabelece a política e os objetivos da qualidade, bem como as diretrizes que possibilitarão à empresa atingi-los. Esse sistema pode ainda ajudar as organizações a aumentar a satisfação do cliente – objetivo maior de qualquer prestador de serviços.

Para você, que atua no atendimento, é fundamental conhecer e ser treinado no SGQ da empresa, para garantir que seu trabalho esteja alinhado e que a oferta respeite os padrões de qualidade estabelecidos.

No que diz respeito ao cliente, as premissas para a garantia de qualidade podem ser especificadas contratualmente ou determinadas pela própria organização. Em qualquer caso, no entanto, é sempre o consumidor que, em última análise, determina a aceitabilidade do produto ou serviço. Como as necessidades e expectativas dos clientes podem mudar em decorrência de vários fatores, as organizações são induzidas a aprimorar, de tempos em tempos, seus produtos e serviços. O SGQ deve, então, fornecer a estrutura para essas mudanças.

A *NBR ISO 9001: 2015 Sistemas de gestão da qualidade – Requisitos* estabelece os fundamentos que norteiam o SGQ. O conhecimento desses fundamentos deve anteceder à própria delimitação da atividade-fim de uma empresa. Conhecendo-os, você vai verificar que há um padrão mínimo de qualidade a ser alcançado. E caso algo não funcione bem para atingir esse padrão na organização da qual faz ou venha a fazer parte, é pequena a probabilidade de que ela permaneça no mercado. Neste capítulo, vamos ver do que trata cada um desses requisitos.

ISO

REFORÇO DE CONTEÚDO

Em um mundo globalizado, cuja população cresceu na escala de bilhões de habitantes nos últimos duzentos anos, o "boca a boca" tornou-se pouco eficaz para divulgar mais amplamente a qualidade dos serviços de uma empresa. O que fazer, então, para ser reconhecido como confiável e apto a atender às necessidades de clientes, comunidades e pequenos serviços – como padarias, salões de beleza, doçarias, mercados, restaurantes – que convivem com gigantescas operações nessa nova ordem mundial?

Uma das formas imaginadas pelos clientes, especialmente as empresas consumidoras de produtos e serviços, para melhorar a percepção da qualidade e a homogeneidade das ofertas foi estabelecer uma série de requisitos adicionais de garantia da qualidade, a serem cumpridos pelos fornecedores. Esses requisitos são específicos para cada setor.

Um movimento internacional de padronização buscou solução que atendesse às necessidades de todas as empresas, com linguagem e exigências de garantia da qualidade comuns, que facilitassem o comércio internacional e, consequentemente, otimizassem os custos dos fornecedores.

Esse movimento foi liderado pela Organização Internacional de Normalização (International Organization for Standardization), popularmente conhecida como ISO, entidade que congrega os organismos de padronização/normalização em cerca de 170 países. Fundada em 1947, em Genebra, Suíça, a ISO tem como objetivo criar normas orientadoras das questões relativas à gestão da qualidade, em todos os campos técnicos, que facilitem o comércio e promovam boas práticas de gestão e avanço tecnológico, além de disseminar conhecimento.

Identificadas como Série ISO 9000, as normas foram lançadas em âmbito internacional em 1987. No Brasil, o lançamento se deu em 1990, sob a denominação Série NBR ISO 9000. A ISO promove a normatização de empresas e produtos para manter a qualidade permanente. Suas normas mais conhecidas são a ISO 9000, para gestão da qualidade, e a ISO 14000, para gestão do meio ambiente.

As normas ISO 9000 e 9001 são um conjunto de ações preventivas para garantir e padronizar um serviço ou produto. Para uma empresa receber o certificado da ISO, deve passar por um processo com diversas fases, garantindo que a implementação de cada requisito seja feita corretamente.

Embora popularmente se acredite que o nome ISO seja o acrônimo de International Standards Organization, na realidade, seus fundadores adotaram a palavra ISO do grego (isos), que significa igual. A escolha reflete o objetivo da organização, ou seja, a padronização e a normatização de processos e serviços.

ABNT  REFORÇO DE CONTEÚDO

A normalização técnica brasileira está a cargo da Associação Brasileira de Normas Técnicas (ABNT), uma sociedade privada, sem fins lucrativos, fundada em 1940, que foi reconhecida pelo governo como o Foro Nacional de Normalização. Isso significa que, no caso específico da prestação de serviços, compete a ela cuidar de todos os documentos normativos referentes às atividades envolvidas, ou seja, os instrumentos que determinam as diretrizes, normas, leis e códigos que regulamentam a prestação de serviços.

Dentre os objetivos da ABNT, destacam-se:

- elaborar normas técnicas e fomentar seu uso nos campos científico, técnico, industrial, comercial e agrícola, entre outros. É atribuição da organização mantê-las atualizadas;
- intermediar, com os poderes públicos, os interesses da sociedade civil em assuntos de normalização técnica.

As normas estabelecidas pela ABNT são elaboradas por diferentes comitês e comissões de estudo, com a participação de produtores, representantes de órgãos de defesa do consumidor, empresas públicas, entidades de classe, universidades, instituições profissionais e escolas técnicas. Cabe aos integrantes analisar e debater propostas de projetos de normas técnicas.

Política e objetivos da qualidade

A organização que adota a abordagem do SGQ gera confiança na capacidade de seus processos e na qualidade de seus produtos e serviços, além de criar uma base para a melhoria contínua.

O desenvolvimento e a implementação do SGQ em uma organização consistem nas seguintes etapas:

- determinação das necessidades e expectativas dos clientes e outras partes interessadas;

- estabelecimento da política e dos objetivos da qualidade;
- definição dos processos e atribuição das responsabilidades para atingir os objetivos (se você já atua em uma empresa e tiver a oportunidade de acompanhar a implementação da gestão de qualidade, fique bastante atento a essa etapa, pois ela abrange os métodos de trabalho e os compromissos do atendimento);
- especificação e fornecimento dos recursos necessários;
- escolha de métodos para medir a eficácia e a eficiência de cada processo e aplicação de medidas para determiná-las;
- delimitação dos meios para prevenir não conformidades e eliminar suas causas;
- seleção e aplicação de um processo para melhoria contínua do SGQ.

A política da qualidade fornece a diretriz para estabelecer e analisar criticamente os objetivos da qualidade que, por sua vez, precisam ser coerentes com a lógica da política geral da organização. O cumprimento dos objetivos da qualidade pode ter um impacto positivo na qualidade final do produto ou serviço, na eficácia operacional e no desempenho financeiro da empresa, conduzindo, assim, à satisfação e confiança dos clientes.

Abordagem de processos  REFORÇO DE CONTEÚDO

Qualquer atividade ou conjunto de atividades que use recursos para transformar insumos em produtos ou serviços pode ser considerada um processo. Para que as organizações funcionem de forma eficaz, têm de identificar e gerenciar processos inter-relacionados e interativos. Quase sempre, a saída de um processo se constitui na entrada do seguinte. A identificação sistemática, a gestão dos processos empregados na organização e, particularmente, as interações entre eles são conhecidas como "abordagem de processos". (2.4)

(ABNT, 2000, p. 3)

(cont.)

A abordagem de processos está inserida nos princípios de gestão da qualidade descritos originalmente na ABNT NBR ISO 9000 (e mantidos em todas as versões posteriores), que são:

- foco no cliente;
- liderança;
- engajamento de pessoas;
- abordagem de processos;
- melhoria;
- tomada de decisão baseada em evidência;
- gestão de relacionamento.

Atribuições da alta administração

REFORÇO DE CONTEÚDO

Por meio de ações de liderança, a alta direção de uma organização pode criar um ambiente em que as pessoas se sintam totalmente à vontade e no qual o SGQ possa operar eficazmente.

Os requisitos estabelecidos pela ABNT NBR ISO 9001:2015 para a alta direção são os seguintes:

A Alta Direção deve:

- Demonstrar liderança e comprometimento com relação ao sistema de gestão da qualidade, responsabilizando-se por prestar contas pela eficácia do sistema de gestão da qualidade; assegurando que a política de qualidade e os objetivos da qualidade sejam estabelecidos para o sistema de gestão da qualidade e que sejam compatíveis com o contexto e a direção estratégica da organização; [...] e engajando, dirigindo e apoiando pessoas a contribuir para a eficácia do sistema de gestão da qualidade. (5.1.1 § a-h)

(cont.)

- Demonstrar liderança e comprometimento com relação ao foco no cliente, assegurando que os requisitos do cliente e os requisitos estatutários e regulamentares pertinentes sejam determinados, entendidos e atendidos consistentemente; os riscos e oportunidades que possam afetar a conformidade de produtos e serviços e a capacidade de aumentar a satisfação do cliente sejam determinados e abordados; o foco no aumento da satisfação do cliente seja mantido. (5.1.2 § a-c)
- Estabelecer, implementar e manter uma política da qualidade que seja apropriada ao propósito e ao contexto da organização e apoie seu direcionamento estratégico; proveja uma estrutura para o estabelecimento dos objetivos da qualidade; inclua um comprometimento em satisfazer requisitos aplicáveis; inclua um comprometimento com a melhoria contínua do sistema de gestão da qualidade. (5.2.1 § a-d)
- Assegurar que as responsabilidades e autoridades para papéis pertinentes sejam atribuídas, comunicadas e entendidas na organização, [...] e que a integridade do SGQ seja mantida quando forem planejadas e implementadas mudanças no sistema de gestão da qualidade. (5.3. § a-e)
- Analisar criticamente o sistema de gestão da qualidade da organização, a intervalos planejados, para assegurar sua contínua adequação, suficiência, eficácia e alinhamento com o direcionamento estratégico da organização. (9.3.1)

(ABNT, 2015, pp. 3-5, 20)

INFORMAÇÃO DOCUMENTADA

Os documentos usados em programas de gestão da qualidade fornecem informações sobre como realizar atividades e processos de forma consistente, e podem incluir o detalhamento e a ilustração de procedimentos e instruções de trabalho. São utilizados mais frequentemente nas organizações os seguintes documentos:

- manuais da qualidade: fornecem informações consistentes sobre o SGQ da organização;
- planos da qualidade: descrevem como o SGQ é aplicado em um projeto, contrato ou produto específico;
- especificações: estabelecem requisitos para o sistema;
- diretrizes: prescrevem recomendações ou sugestões para instalação e execução dos processos;
- registros: oferecem evidências de atividades desempenhadas ou de resultados alcançados.

A ABNT NBR ISO 9001:2015 decidiu adotar a denominação *informação documentada* para se referir às terminologias específicas, descritas acima e citadas nas edições anteriores.

Assim, o SGQ deve incluir:

- informação documentada requerida por esta Norma;
- informação documentada determinada pela organização como sendo necessária para a eficácia do SGQ.

Cada organização define a abrangência da documentação necessária e os meios a serem utilizados no SGQ. Vários fatores influem nessa definição: tipo e porte da organização, complexidade e interação dos processos, especificidade dos produtos, determinações do cliente, pressupostos regulamentares, capacidade da equipe de cumprir os requisitos do SGQ, etc.

AVALIAÇÃO

Quando se avalia um SGQ, quatro questões precisam ser respondidas:

- Ele está identificado e adequadamente definido?
- As responsabilidades estão atribuídas?
- Os procedimentos foram implementados e mantidos?

- O processo é eficaz para atingir os resultados?

Mesmo não sendo seu papel, é interessante saber que a avaliação de um SGQ pode variar caso a caso, além de compreender uma série de atividades, entre elas auditoria, análise crítica do sistema da qualidade e autoavaliação.

> As auditorias são usadas para determinar em que grau os requisitos do SGQ foram atendidos. As constatações da auditoria são usadas para avaliar a eficácia do sistema de gestão da qualidade e para identificar oportunidades de melhoria. Auditorias de primeira parte são realizadas pela própria organização ou em seu nome, para propósitos internos [...]; auditorias de segunda parte são realizadas pelos clientes da organização ou por outras pessoas em nome do cliente; e auditorias de terceira parte são realizadas por organizações externas independentes. (2.8.2)
>
> (ABNT, 2000, p. 5)

Como vimos, a análise crítica do SGQ é uma das atribuições da alta administração, que realiza avaliações sistemáticas sobre pertinência, adequação, eficácia e eficiência do sistema de gestão no que diz respeito à política e aos objetivos da qualidade. Essa análise pode incluir considerações sobre a necessidade de adaptar os objetivos e a política da qualidade, em resposta a mudanças necessárias e a expectativas das partes interessadas. A revisão ou a correção das decisões tomadas, com vistas à melhoria contínua do SGQ, também são atribuições da alta administração.

A autoavaliação de uma organização é uma análise crítica abrangente e sistemática das atividades e de seus resultados. Ela fornece uma visão global do desempenho da empresa e do grau de maturidade do SGQ, além de determinar prioridades e identificar áreas que necessitem de melhoria.

Melhoria contínua  REFORÇO DE CONTEÚDO

O objetivo da melhoria contínua de um SGQ é aumentar a satisfação dos clientes e de outras partes interessadas: acionistas, funcionários, fornecedores e sociedade. Nesse processo, como profissional do comércio, serviços e turismo, você se caracteriza como parte passiva (que vai receber melhorias) e como parte ativa (que vai ajudar a promover melhorias).

O gestor da empresa deve levar em consideração a análise e a avaliação da situação existente para identificar áreas que demandem melhorias. Estabelecer objetivos e pesquisar, avaliar, selecionar e implementar soluções para atingi-los também fazem parte do processo de melhoria contínua. Para determinar se os objetivos foram atendidos, deve-se fazer medição, verificação e avaliação dos resultados da implementação. Por fim, formalizam-se as alterações.

FORMAS DE RECONHECIMENTO DA QUALIDADE

A propaganda tradicional continua sendo uma boa forma de divulgação, mas nada substitui a comprovação da qualidade dos produtos e serviços pelos próprios clientes. Diversas premiações e selos de referência de entidades reconhecidas, além das certificações de SGQ, têm a mesma finalidade.

Vejamos algumas das diferentes formas de reconhecimento da qualidade:

RECONHECIMENTO PELO CLIENTE

Cidadãos responsáveis são, sem dúvida, consumidores atentos, conscientes do dever de atestar a qualidade dos produtos oferecidos ou dos serviços prestados. Portanto, é extremamente importante contar com a colaboração desses consumidores na fiscalização da qualidade.

O atendimento faz toda a diferença nessa avaliação, já que esse é o momento de contato direto entre cliente e organização. O atendimento pode fazer com que o cliente passe a ter uma imagem positiva ou negativa do processo de compra, pois ele é muito influenciado pela forma como foi tratado. Esse é um dos fatores de maior peso em sua avaliação, podendo até fazer com que reconheça positivamente uma empresa, ainda que haja alguma falha durante o processo de compra.

Como afirmam Hargreaves *et al.* (2001): "O melhor reconhecimento que uma empresa pode ter é, sem dúvida, aquele que parte do cliente [...] É o cliente quem ajuda o prestador de serviços a se aprimorar toda vez que elogia, sugere ou critica algo que experimentou".

> **Uma das definições mais simples e objetivas de marketing diz que esta atividade consiste em "vender produtos que não voltam, para clientes que voltam". Este autor anônimo captou a essência da atividade comercial, que é fazer o cliente voltar a consumir os mesmos produtos ou utilizar os mesmos serviços por estar satisfeito com seu desempenho ou utilidade.**

SELOS DE QUALIDADE

Os selos de qualidade ou certificações setoriais são declarações formais de veracidade, feitas por quem tem credibilidade e autoridade legal ou moral. Devem ser emitidos por alguém, ou alguma instituição, que tenha fé pública, isto é, credibilidade perante a sociedade. Eles diferenciam as empresas que adotam um sistema de gestão eficiente, focado na qualidade e em busca da excelência nos serviços prestados.

Essa credibilidade pode ser instituída por lei ou como decorrência de aceitação social, ou ainda pela equivalência com organizações internacionais referenciais em seus setores de atuação.

A obtenção desses selos ou certificados obedece a critérios de excelência em gestão e a instrumentos de avaliação transparentes. E deve ser formal, isto é, seguir um ritual e ser consolidada em um documento.

O processo de obtenção do selo requer o aprimoramento da gestão. O selo adquirido é referência para o contratante que busca um prestador de serviços de qualidade.

As organizações setoriais (medicina, serviços técnicos, ensino, etc.) devem dar publicidade regularmente da relação de seus associados e dos níveis de certificações disponibilizados e, ao mesmo tempo, esforçar-se para garantir que apenas as empresas com selos de qualidade em vigor ostentem essa qualificação em seus materiais de comunicação.

Fundação Nacional da Qualidade (FNQ)  REFORÇO DE CONTEÚDO

A Fundação Nacional da Qualidade é reconhecida por sua trajetória na busca pela excelência em gestão. A história da instituição é alinhada à transformação permanente do cenário mundial, da economia e do papel das organizações na sociedade.

Com a abertura da economia brasileira, no início da década de 1990, um grupo formado por representantes de 39 organizações privadas e públicas detectou a necessidade de adotar padrões internacionais para orientar, avaliar e reconhecer a gestão, com a finalidade de gerar mais qualidade e competitividade. Assim foi instituída, em São Paulo, a Fundação para o Prêmio Nacional da Qualidade (FPNQ), entidade sem fins lucrativos que passou a administrar as atividades da referida premiação em todo o território nacional. Desde o início, sua trajetória foi marcada pela pesquisa das melhores práticas de gestão, que levassem ao aumento da competitividade das organizações e do Brasil.

(cont.)

Realizado anualmente, o ciclo de avaliação do Prêmio Nacional da Qualidade® (PNQ) reconhece empresas de classe mundial, isto é, capazes de competir em qualquer mercado ou ambiente de negócios.

Ao se candidatar ao PNQ, a organização passa por uma profunda análise de sua gestão, efetuada por avaliadores treinados e capacitados pela Fundação, guiados por um rigoroso código de ética. Ao final do processo, a empresa obtém um amplo diagnóstico de maturidade, com comentários que sinalizam os pontos fortes e as oportunidades de melhoria da gestão.

Em 2005, a entidade promoveu uma ampla reestruturação: elegeu nova governança, reformulou sua logomarca e retirou a palavra prêmio da sigla, passando a se chamar Fundação Nacional da Qualidade. Sua missão, visão e objetivos também foram redefinidos. Novas práticas de gestão, alinhadas com tendências de organizações mundiais, entre elas sustentabilidade, responsabilidade corporativa e valorização das pessoas, da qualidade de vida e da diversidade, foram incorporadas aos critérios de excelência da instituição.

CERTIFICAÇÕES

Atualmente, a forma de reconhecimento mais utilizada pelas empresas para demonstrar a capacidade de fornecer produtos e serviços com qualidade é a certificação de SGQ, baseada na norma ABNT NBR ISO 9001:2015.

Como vimos anteriormente, para serem reconhecidos, os SGQ devem ser avaliados pelos clientes ou então certificados por organizações independentes, devidamente credenciadas, de acordo com um padrão normativo predefinido.

Inmetro

REFORÇO DE CONTEÚDO

No Brasil, o Instituto Nacional de Metrologia, Qualidade e Tecnologia (Inmetro) é responsável pela implementação do Sistema Brasileiro de Certificação e pelo credenciamento dos organismos de certificação.

Autarquia federal, criada em 1973, o Inmetro rege as políticas nacionais de metrologia e qualidade, e verifica a observância das normas técnicas e legais de unidades de medida, métodos e instrumentos de medição.

A instituição mantém e conserva os padrões das unidades de medida visando à aceitação universal desses padrões e à sua utilização como suporte ao setor produtivo, para assegurar a qualidade de bens e serviços.

Por meio da metrologia e da avaliação da conformidade, o instituto garante a confiança nas medições e nos produtos. Promove, assim, a harmonização das relações de consumo e colabora para a inovação de processos e a competitividade do país.

Outra importante missão é incentivar a utilização da técnica de gestão da qualidade nas empresas brasileiras.

A certificação do SGQ baseada na norma ABNT NBR ISO 9001:2015 é reconhecida internacionalmente, e a empresa que a obtém fica com uma credencial a mais para participar de concorrências nacionais e internacionais.

Objetivamente, o processo de certificação apresenta as seguintes etapas:

- Desenvolver e implantar um SGQ, baseado na norma ABNT NBR ISO 9001:2015, para o processo escolhido, que gere o produto ou o serviço de interesse dos clientes.
- Escolher e contratar uma empresa certificadora que pertença ao sistema brasileiro de certificação para avaliar o SGQ.
- Fazer auditoria interna, com auditores da própria empresa ou contratados, e corrigir os pontos em desacordo com a norma, chamados de “não conformidades”.

- Marcar e realizar pré-auditoria com a certificadora contratada, para verificar se o SGQ implantado está pronto para ser avaliado.
- Realizar os ajustes finais e marcar a auditoria de certificação.
- Realizar a auditoria de certificação.
- Corrigir as não conformidades apontadas pela certificadora, caso elas ocorram.
- Receber a indicação para a certificação.

O processo de certificação leva em média de doze a dezoito meses para ser concluído, considerando-se o tempo desde a preparação e a implantação do SGQ até o recebimento do certificado (incluindo o treinamento das pessoas).

Se você já estiver atuando em uma empresa, seu desempenho profissional está sujeito à avaliação para o recebimento do certificado, e é mais um fator a se observar na continuidade da qualidade.

Uma vez obtida a certificação, a empresa se compromete com sua manutenção. Periodicamente, a certificadora realiza auditoria para verificar se o SGQ está funcionando e se continua eficaz. O certificado da empresa pode ser, então, usado para fins comerciais de propaganda. Afinal, ele demonstra que a empresa tem condições de fornecer produtos e serviços com qualidade e que atendam aos requisitos dos clientes.

Modelos de gestão de qualidade

Conheça alguns dos programas mais utilizados no Brasil para alcançar a qualidade:

MEG®

Concebido pela FNQ, o Modelo de Excelência da Gestão (MEG®) é calcado em um conjunto de conceitos, critérios e requisitos da excelência em gestão, reconhecidos internacionalmente. São eles: pensamento sistêmico, atuação em rede, aprendizado organizacional, inovação, agilidade, liderança transformadora, olhar para o futuro, conhecimento sobre clientes e mercados, responsabilidade social, valorização das pessoas e da cultura, decisões fundamentadas, orientação por processos e geração de valor.

TQM

Total Quality Management (TQM) ou Gestão da Qualidade Total é uma abordagem segundo a qual todos os funcionários de uma organização são responsáveis pela melhoria contínua de produtos e processos de trabalho, para obter a satisfação do cliente e um desempenho superior ao da concorrência. Dessa forma, essa abordagem mostra sua importância para alcançar a qualidade e o sucesso de uma empresa. Se internamente melhor qualidade conduz a maior produtividade e menores custos, na perspectiva do cliente as melhorias na qualidade aumentam a satisfação (mesmo sem redução de preços), o que também amplia a participação de mercado.

Caso a organização disponha de uma estrutura específica para o tema da qualidade, ela deve ser colocada em posição de assessoria, e não subordinada a outros departamentos. Da mesma forma, organizações que designem ouvidores ou *ombudsmen* para escutar clientes, funcionários e interessados sobre dificuldades ou falhas nos processos devem preservar a independência e a liberdade de atuação desses profissionais, que ficariam comprometidas em caso de subordinação.

PDCA

A verdadeira mensuração da qualidade só pode ser feita quando uma empresa satisfaz seus clientes. A qualidade descreve o grau de excelência ou de superioridade de mercadorias e serviços de uma organização, segundo critérios preestabelecidos. Já a satisfação do cliente deve medir a capacidade de uma mercadoria ou serviço de atender às necessidades e às expectativas dos compradores ou excedê-las.

Depois de obtida a satisfação do cliente, a empresa pode dar início ao programa de mensuração e desenvolver um plano de melhoria contínua, que é o processo de estudar e introduzir mudanças nas atividades para aprimorar a qualidade, a eficiência e a eficácia.

O ciclo PDCA (Plan-Do-Check-Act) é um método iterativo (frequente) de gestão com quatro passos, utilizado para o controle e a melhoria contínua de processos, produtos e serviços. Voltado para planejar (plan), desempenhar (do), checar (check) e agir (act), o PDCA pode ser aplicado em todos os processos da empresa, desde a produção até a distribuição, e também nos processos de qualidade (Deming, 1990).

A você, interessa conhecer esse ciclo não apenas por estar se qualificando para entrar no mercado ou por estar trabalhando no comércio de bens e serviço, mas também porque ele busca, entre outros aspectos, a motivação dos funcionários da organização. A metodologia possibilita desenvolver um planejamento sistemático, gerando de imediato maior produtividade, segurança, clima organizacional e motivação dos funcionários, com a consequente expansão da competitividade organizacional. Esse planejamento envolve as seguintes ações:

P – Planejar detalhadamente cada atividade, estabelecendo metas para o que e como fazer. A finalidade é chegar a resultados de acordo com o projetado (objetivos ou metas). Por exemplo, número de clientes atendidos, devoluções, entregas dentro do prazo. A integridade e a precisão da especificação também são uma parte da melhoria almejada. Quando possível, o planejamento deve começar em pequena escala para testar os possíveis efeitos.

D – Desempenhar significa implementar o plano, executar o processo, fazer o produto e coletar dados para mapeamento e análise dos próximos passos. Compreende ainda o cumprimento do que foi planejado e o treinamento e a habilitação da equipe para a execução das tarefas.

C – Checar/Conferir é estudar o resultado (medido e coletado no passo Desempenhar) e compará-lo com os resultados esperados (objetivos estabelecidos no passo Planejar) para identificar eventuais diferenças. Os dados podem ajudar a ver as tendências ao longo de vários ciclos de PDCA. Eles compõem a informação utilizada na execução da etapa Agir.

A – Agir significa resolver os problemas de execução e as diferenças entre o realizado e o planejado, entender as lacunas (por que as metas não estão sendo atingidas) e praticar ações corretivas. Consiste ainda em determinar onde aplicar as mudanças para a melhoria do processo ou produto.

Quando a passagem por esses quatro passos não resultar na necessidade de alguma melhoria, o PDCA pode ser refinado, com mais detalhes na iteração seguinte do ciclo. Essa ocorrência pode significar que o foco da atenção deva concentrar-se em outra fase do processo. Ou seja, o PDCA nunca se encerra. Ao terminar, deve ser reiniciado, replanejado em função das ações corretivas. Quanto maior for a frequência com que a empresa executar o PDCA, mais ganhos e melhorias obterá e mais afinada estará com os consumidores.

SEIS SIGMA

Seis Sigma (Six Sigma) é um conjunto de práticas para melhorar sistematicamente os processos, ao eliminar defeitos. Um defeito pode ser entendido como a não conformidade de um produto ou serviço com suas especificações. Seis Sigma também é definido como uma estratégia gerencial para promover mudanças nas organizações, fazendo com que se obtenha melhorias nos processos, produtos e serviços para a satisfação dos clientes. Diferentemente de outras formas de gerenciamento de processos produtivos ou administrativos, o Seis Sigma tem como prioridade a obtenção de resultados, de forma planejada e clara, tanto de qualidade como, sobretudo, financeiros. (Carvalho; Pinto; Ho, 2006).

Sua prioridade é a obtenção de resultados qualitativos e financeiros de forma planejada e clara. Para isso, segue a metodologia DMADV, composta por cinco fases:

D – Definir objetivos que sejam consistentes com as demandas dos clientes e com a estratégia da empresa.

M – Medir e identificar características que sejam críticas para a qualidade, capacidade do produto e processo de produção e riscos.

A – Analisar alternativas de desenvolvimento e avaliar a capacidade de selecionar o melhor projeto.

D – Desenhar detalhes, otimizar o projeto e planejar a verificação do desenho.

V – Verificar o projeto iniciado, executar pilotos do processo, implementar o processo de produção e entregá-lo ao “padrinho” (nesta abordagem, é aquele que patrocina, isto é, “apadrinha” o processo, acompanhando-o e ajudando os integrantes da equipe em suas dificuldades).

Uma das principais razões para uma empresa adotar o Seis Sigma é o aumento de suas margens de lucro. Mas essa prática de gestão contribui também para aumentar sua competitividade no mercado e reduzir custos das operações.

Pode-se aplicar o Seis Sigma na realização de projetos orientados para a resolução dos problemas mais importantes da organização e para aumentar a qualidade dos processos. Para isso podem ser selecionadas pessoas da organização que o executem ininterruptamente, com os meios e apoios necessários para o desenvolvimento do trabalho.

O Seis Sigma é uma ótima solução a médio e longo prazos. A qualidade não é vista em sua forma mais tradicional por esse modelo, isto é, como a simples conformidade com normas e requisitos da organização. A esse respeito, Mike Harry ([20--]), conhecido por ser uma referência no tema, observou: "Uma coisa é o negócio da qualidade. Outra coisa é a qualidade do negócio".

PROGRAMA 5S

O propósito dessa metodologia é melhorar a eficiência das empresas por meio da organização, limpeza, identificação e destinação adequada de materiais, além da manutenção e melhoria do ambiente de trabalho.

Os principais benefícios do programa 5S são: maior produtividade, com a redução do tempo gasto na procura de objetos; eliminação do desperdício; redução de despesas; melhor aproveitamento de materiais; aumento da qualidade de produtos e serviços; diminuição dos acidentes de trabalho; maior satisfação das pessoas com sua atividade; incentivo à criatividade e aprimoramento da atuação em equipe (Osada, 1992).

No fim da década de 1960, quando industriais do Japão começaram a implantar o sistema de qualidade total em suas empresas, perceberam que o 5S era um programa adequado para o sucesso dessa empreitada. O curioso é que a criação dessa metodologia foi inspirada na observação das estratégias usadas pelas donas de casa japonesas para envolver todos os membros da família na execução das tarefas do lar. É por essa razão que o programa também é conhecido como *housekeeping*.

O programa 5S pode ser implementado como um plano estratégico que, com o tempo, passa a fazer parte da rotina, contribuindo para o alcance da qualidade total, podendo provocar mudanças comportamentais em todos os níveis hierárquicos.

Assim como outros programas de qualidade total, o 5S é fundamentado na teoria da melhoria contínua, pois a qualidade total é um processo, e não um fato que possa ser considerado concluído. Em uma primeira etapa, é necessário estabelecer a ordem para, então, buscar a qualidade total. É para estabelecer tal ordem que se aplica o 5S.

A denominação 5S vem das letras iniciais das técnicas que compõem o programa:

Seiri – Organização, utilização, liberação da área. Adotada para descartar objetos e informações desnecessários ao local de trabalho. Baseia-se no conceito de utilidade. Apenas atente-se para não perder informações e/ou documentos importantes nessa arrumação.

Para a execução do Seiri, devem ser definidas e instaladas áreas de descarte devidamente sinalizadas para evitar que se tornem "áreas de bagunça". Todo o material descartado tem de ser etiquetado e controlado (materiais destinados a outros órgãos, materiais para recuperação, alienação, almoxarifado, reciclagem, lixo e sucata).

Seiton – Ordem, arrumação. Essa é a etapa de arrumar o que sobrou depois do Seiri. Seu conceito-chave é a simplificação para obter maior rapidez e facilidade na hora de encontrar documentos, materiais, ferramentas e outros objetos. Os materiais devem ser colocados em locais de fácil acesso, de maneira que seja simples verificar quando estão fora de lugar.

Seiso – Limpeza. A finalidade principal é limpar a área de trabalho aproveitando para examinar as práticas que geram sujeira e tentar modificá-las. Todos os elementos que possam prejudicar o meio ambiente podem ser classificados como sujeira (iluminação insuficiente, ruídos, má ventilação, poeira).

Seiketsu – Padronização, asseio, saúde. Depois de cumprir as três primeiras etapas do programa 5S, deve-se dar início à padronização e à melhoria contínua das atividades. Essa etapa exige perseverança, pois, sem mudar o comportamento das pessoas e as rotinas que geram sujeira, logo volta-se à situação anterior à implementação do 5S. O asseio pessoal também acaba melhorando, pois os funcionários, para não destoar do ambiente limpo e agradável, incorporaram hábitos mais sadios na aparência e higiene.

Shitsuke – Disciplina ou autodisciplina. Quando as pessoas passam a fazer o que tem de ser feito e da maneira como deve ser feito, mesmo que ninguém vigie, significa que existe disciplina. O compromisso pessoal com os padrões éticos, morais e técnicos definidos pelo programa 5S é o objetivo principal da última etapa desse programa.

Para que esse estágio seja atingido, todos os envolvidos precisam discutir e participar da elaboração de normas e procedimentos adotados no programa 5S. Se o Shitsuke está sendo executado, significa que todas as etapas do 5S estão se consolidando.

Regulação

Embora procure-se evitar problemas comuns, as condições de regulação e concorrência têm aspectos particulares a cada país, explicados por seu desenvolvimento histórico e pela organização do poder.

Nesse contexto, é importante que você conheça as instituições reguladoras locais e suas atribuições. No Brasil, as três agências pioneiras

– Agência Nacional de Energia Elétrica (Aneel), Agência Nacional de Telecomunicações (Anatel) e Agência Nacional do Petróleo (ANP) – foram criadas na esteira da entrada em vigor da lei que disciplina o instrumento por excelência da prestação de serviços públicos pela iniciativa privada (Lei nº 8.987, de 13 de fevereiro de 1995). Suas características comuns são autonomia (diretorias com mandatos fixos), previsão da fonte de recursos, certo grau de poder normativo e competência para licitar e fiscalizar as atividades nas respectivas áreas – em particular, para monitorar o cumprimento dos contratos de concessão e intervir em casos de descumprimento de obrigações.

CONSELHO NACIONAL DE AUTORREGULAMENTAÇÃO PUBLICITÁRIA (CONAR)

O Conar é uma organização não governamental fundada e mantida por agências de publicidade, empresas anunciantes e veículos de comunicação para fiscalizar a ética da propaganda comercial veiculada no Brasil. Norteia-se pelas disposições contidas no Código Brasileiro de Autorregulamentação Publicitária, que disciplina as normas éticas a serem obedecidas pelos anunciantes e pelas agências de publicidade na elaboração de seus anúncios.

Qualquer consumidor, concorrente ou autoridade pública que se sentir prejudicado ou ofendido pela publicidade pode apresentar queixa ao Conar. Falhas também são detectadas pelo serviço de monitoria da instituição. Com base na denúncia, tem início um processo que determina o exame do anúncio pelo Conselho de Ética, composto por representantes de agências publicitárias, anunciantes, veículos de comunicação e consumidores.

Quando o anúncio é denunciado pelo Conar, o anunciante e a agência têm um prazo formal para se defender ou dar esclarecimentos. Essa defesa é anexada ao processo, e um membro do Conselho de Ética, designado como relator, estuda o caso, emitindo a opinião dele. Em julgamento, o assunto será debatido e votado.

O resultado (a recomendação do Conselho) pode determinar a alteração do anúncio ou impedir que ele venha a ser veiculado novamente. Advertência ao anunciante e/ou à agência e, excepcionalmente, divulgação pública da reprovação do Conar também cabem ao processo.

As decisões do Conar são rigorosamente respeitadas pelos veículos de comunicação, que não voltarão a veicular o anúncio reprovado. Se a resolução for a de que o anúncio não fere qualquer dispositivo do Código Brasileiro de Autorregulamentação Publicitária, a denúncia é arquivada.

CONSELHO ADMINISTRATIVO DE DEFESA ECONÔMICA (CADE)

O Cade é uma agência com poder de julgar, criada pela Lei nº 4.137, de 10 de setembro de 1962. Em conformidade com a Lei nº 8.884, de 11 de junho de 1994, o Cade foi transformado em autarquia vinculada ao Ministério da Justiça, com sede e foro no Distrito Federal.

Entre suas atribuições, zela pela livre concorrência, difundindo a cultura da concorrência por meio de esclarecimentos ao público sobre as formas de infração à ordem econômica, e decide questões relativas a essas infrações.

Na prática, o Cade é convocado a aprovar movimentos de mercado que possam modificar significativamente as forças competitivas ou criar situações de monopólio ou concentrações que desequilibrem a livre concorrência.

Muitas vezes, a instituição solicita às empresas que se abstenham de utilizar recursos mercadológicos, como *slogans* e símbolos de marcas consagradas, relacionados a produtos que tenham sido substituídos por outros do mesmo setor de modo a evitar a associação de imagem entre a marca nova e a substituída. Outra medida possível é requerer às empresas que resultam de fusões ou aquisições que prestem serviços de produção para os concorrentes ou vendam algumas marcas de seus portfólios.

CÓDIGO DE DEFESA DO CONSUMIDOR (CDC)

Os primeiros movimentos em defesa dos consumidores foram dados já no Código Comercial de 1840 e no Código Civil de 1916, embora sem muita expressão. Nas décadas de 1960 e 1970, importantes normas para o consumo foram implementadas por meio dos decretos-leis 986/69 (alimentação), 211/70 (saúde), 6.649/79 (locação) e 6.676/79 (habitação) e da Lei Delegada nº 4, de 26 de setembro de 1962 (que assegurava a livre-distribuição de produtos), vigente até 1998.

A partir de 1970, o direito do consumidor ganhou maior relevância e proteção, com o surgimento das primeiras associações privadas, como Associação Nacional de Defesa do Consumidor (Andec), denotando também a necessidade de serem instituídas políticas públicas voltadas para esse tema. Tal contexto levou à publicação do anteprojeto do Código de Defesa do Consumidor, em janeiro de 1983, a fim de estabelecer uma legislação específica para as relações de consumo.

O Código de Defesa do Consumidor é instituído em 11 de setembro de 1990, com a aprovação e sanção da Lei nº 8.078 pelo Governo Federal, definindo e estabelecendo a política nacional de relações de consumo, os direitos básicos do consumidor, a qualidade de produtos e serviços, as práticas comerciais, a proteção contratual, entre outras disposições.

O CDC contribuiu indiretamente para melhorar a qualidade dos produtos e serviços, pois o consumidor brasileiro passou a ficar mais atento a seus direitos e a exigir seu cumprimento. Depois de aprovada essa lei, aumentou bastante o volume de reclamações em casos de produtos defeituosos, prazos não cumpridos e serviços mal prestados, por exemplo. É fundamental que o outro lado dessa relação – o do profissional que atua na área de comércio e serviços – também conheça, ao menos, os principais aspectos do Código. Dessa forma, ele pode utilizá-lo na prestação de um serviço ou na venda de um produto com qualidade e, caso receba alguma reclamação, saberá o que é de sua responsabilidade e como agir.

SISTEMA NACIONAL DE DEFESA DO CONSUMIDOR (SNDC)

O CDC brasileiro prevê proteção bastante forte e consistente ao consumidor, com base em princípios e direitos básicos, que protegem, além da esfera econômica, a da personalidade do consumidor. Entre os direitos básicos previstos no código destacam-se a proteção à vida, à saúde e à segurança; a proteção contra práticas abusivas; a efetiva prevenção e reparação de danos morais; o acesso aos órgãos judiciários e administrativos; e a inversão do ônus da prova pelo juiz, em alguns casos.

Para a aplicação de todos os direitos e princípios previstos no Código, foi instituído o Sistema Nacional de Defesa do Consumidor (SNDC), que congrega diversos órgãos e entidades civis com a função de proteger o consumidor. Esses órgãos atuam de forma articulada com a Secretaria Nacional do Consumidor (Senacon) para receber denúncias, apurar irregularidades e promover a proteção e defesa do consumidor. A secretaria está voltada para a análise de questões de repercussão nacional e interesse geral, além do planejamento, elaboração, coordenação e execução da Política Nacional de Defesa do Consumidor.

Os Procons são órgãos estaduais e municipais de proteção e defesa dos direitos do consumidor, aptos a exercer as atribuições estabelecidas pela Lei nº 8.078, de 11 de setembro de 1990, e pelo Decreto nº 2.181, de 20 de março de 1997. Atendem diretamente os consumidores e monitoram o mercado de consumo local, exercendo papel fundamental na execução da Política Nacional de Defesa do Consumidor.

O Ministério Público e a Defensoria Pública também protegem e defendem os direitos dos consumidores e atuam na construção da Política Nacional das Relações de Consumo. O Ministério Público tem por papel fiscalizar a aplicação da lei, instaurar inquéritos e propor ações coletivas. Já à Defensoria cabe a defesa dos interesses dos desassistidos, por meio de acordos e conciliações.

Também existem entidades civis que exercem a função de proteger e defender o consumidor. Em 2010, o Departamento de Proteção e Defesa do Consumidor (DPDC) elaborou e publicou um relatório detalhado sobre os dados do Cadastro Nacional de Reclamações Fundamentadas. Com base nesse relatório, detectou-se a necessidade de instituir uma política que possibilitasse aos fornecedores a participação ativa e direta na prevenção de problemas e resolução das reclamações registradas nos Procons. Com esse objetivo, o DPDC criou o projeto Indicadores Públicos de Defesa do Consumidor, permitindo que os fornecedores inscritos possam assumir compromissos públicos de acordo com as metas propostas pelos próprios participantes do projeto. Entre os principais objetivos desse projeto estão contribuir para a redução dos conflitos nas relações de consumo e ampliar as soluções e acordos nos casos atendidos pelos Procons.

PROCON

Cada Procon tem personalidade jurídica de direito público e autonomia técnica, administrativa e financeira.

Entre suas atividades, recebe e processa reclamações individuais e coletivas contra fornecedores de bens ou serviços e orienta os consumidores e fornecedores sobre seus direitos e obrigações nas relações de consumo. Outros papéis desempenhados pela instituição são a fiscalização do mercado para que cumpra as determinações legais e a proposição e acompanhamento de ações judiciais coletivas. Dedica-se ao estudo e ao acompanhamento da legislação nacional e internacional e de decisões judiciais referentes aos direitos do consumidor, além de pesquisas qualitativas e quantitativas nessa área. Em seu âmbito de atuação estão intercâmbios técnicos com entidades oficiais, organizações privadas e outros órgãos envolvidos com a defesa do consumidor, inclusive internacionais.

Nesse órgão, qualquer consumidor pode reclamar das seguintes questões relativas a produtos e serviços:

- propaganda enganosa;
- serviços com defeito ou incompletos;
- não prestação de serviços previstos em contratos;
- falhas em serviços públicos, como abastecimento de água, gás, luz, telefone;
- lançamentos indevidos em cadastros como o do Serviço de Proteção ao Crédito (SPC);
- cobranças indevidas ou abusivas, inclusive de juros ou encargos;
- recusa de garantia de serviços;
- prejuízos causados por serviços ou produtos;
- questões relativas a vendas por telefone, reembolso postal e outros meios fora do estabelecimento do vendedor.

Cabe lembrar que, para reclamar seus direitos, o consumidor deve dirigir-se ao Procon de seu estado levando cópia de documento que comprove a queixa, isto é, a nota fiscal do produto ou do serviço prestado. Pedidos, garantias, instruções, contratos, recibos de pagamento, números dos cheques, comprovantes de compra com cartão de crédito e algum documento esclarecedor do caso podem também ser anexados ao processo como comprovantes da denúncia.

Estudos sobre as reclamações dos consumidores demonstram que eles se aborrecem com a propaganda enganosa, com produtos que não atendem às suas necessidades e com a falta do controle de qualidade.

Para se ter uma ideia mais concreta da evolução do comportamento do consumidor, os relatórios do órgão competente indicam que o número de consultas e reclamações recebidas pelos órgãos oficiais de defesa consumidor cresce anualmente, sobretudo quanto ao comércio eletrônico, ferramenta cada vez mais cotidiana e utilizada por todos nós.

Isso revela que os consumidores estão realmente mais atentos e dispostos a fazer valer seus direitos.

Segundo as definições da Lei nº 8.078:  REFORÇO DE CONTEÚDO

- **Consumidor -** Pessoa física ou jurídica que adquire ou utiliza produto ou serviço como destinatário final. Entende-se por consumidor a coletividade, que atua nas relações de consumo.
- **Fornecedor -** Pessoa física ou jurídica, pertencente à esfera pública ou privada, brasileira ou estrangeira, que desenvolve atividade de produção, montagem, criação, construção, transformação, importação, exportação, distribuição ou comercialização de produtos ou prestação de serviços.
- **Produto -** Bem móvel ou imóvel, material ou imaterial.
- **Serviço -** Atividade fornecida no mercado de consumo, mediante remuneração, inclusive as de natureza bancária, financeira, de crédito e securitária, salvo as decorrentes das relações de caráter trabalhista.

As determinações do CDC referem-se também a produtos vendidos e serviços prestados, observando-se a natureza dos dois tipos de oferta. Resumidamente, ele estabelece que:

(cont.)

- Cabe ao fornecedor, e não ao consumidor, provar que o defeito do produto adquirido não é de sua responsabilidade.
- Se o consumidor adquirir um produto defeituoso e esse problema não for resolvido, são oferecidas a ele três possibilidades: a substituição; a restituição imediata da quantia paga, atualizada monetariamente; e o abatimento, no preço do produto, do valor proporcional ao defeito.
- Ao realizar um serviço para reparar qualquer produto, as oficinas só poderão utilizar peças originais e novas, a não ser que o consumidor autorize o contrário, por escrito.
- Os órgãos de defesa do consumidor devem manter "cadastros atualizados de reclamações fundamentadas contra fornecedores de produtos e serviços", uma espécie de serviço de proteção ao consumidor. Esses cadastros ficam à disposição dos consumidores para consultas sobre as empresas.
- O consumidor pode ter acesso às informações de cadastros, fichas, registros e dados pessoais arquivados sobre ele.
- Os orçamentos de oficinas têm validade por um período de dez dias e não podem ser alterados. O consumidor não responde por ônus ou acréscimos decorrentes da contratação de serviços de terceiros não prevista no orçamento.
- Os serviços colocados no mercado não podem acarretar riscos à saúde ou segurança dos consumidores, exceto os considerados normais e previsíveis por sua natureza e uso.
- Nas compras por telefone, incluindo consórcios, o consumidor pode desistir e obter seu dinheiro de volta num prazo de sete dias.
- Pelo CDC, é proibida qualquer publicidade enganosa ou abusiva. O consumidor está protegido não só contra essa prática, mas também contra métodos comerciais desleais, como as liquidações que anunciam falsos descontos nas compras à vista.

(Brasil, 1990)

Para as empresas de boa-fé, independentemente do disposto por leis, seus consumidores/clientes são sua única razão de existir, por isso tratam as relações de consumo como relacionamento de longo prazo e são os principais interessados em defender esse patrimônio comercial.

Atividade

Imagine a seguinte situação: um cliente deixa seu veículo em uma oficina autorizada pela marca para executar serviços de pintura e lanternagem. Ao receber o veículo de volta, sente-se insatisfeito com o serviço prestado e decide retornar à empresa para fazer uma reclamação. Na oficina, diz que o conserto não ficou bom, que pontos de ferrugem estão aparecendo por baixo da pintura e as portas continuam manchadas. Por fim, exige que o serviço seja refeito.

Consulte na internet o texto integral da Lei nº 8.078 (Código de Defesa do Consumidor) e descreva de forma detalhada as determinações sobre os **direitos do consumidor**, os **deveres da empresa**, os **prazos para reclamação** que podem ser usadas por esse consumidor para ter sua reclamação atendida.

Bibliografia

ABNT. *ABNT NBR ISO 9000 - Sistemas de gestão da qualidade*. Rio de Janeiro: ABNT, 2000.

_________. *ABNT NBR ISO 9001:2015 - Sistemas de gestão da qualidade: requisitos*. 3. ed. Rio de Janeiro: ABNT, 2015.

ALENCAR, M. *A Hollywood brasileira: panorama da telenovela no Brasil*. Rio de Janeiro: Editora Senac Rio de Janeiro, 2002.

BRASIL. Lei nº 8.078, de 11 de setembro de 1990. Dispõe sobre a proteção do consumidor e dá outras providências. Brasília, DF, 1990. Disponível em http://www.planalto.gov.br/ccivil_03/leis/L8078.htm. Acesso em 17 out. 2017.

_________. Ministério do Turismo. Sistema Brasileiro de Classificação de Meios de Hospedagem. s/d. Disponível em http://www.classificacao.turismo.gov.br/MTUR-classificacao/mtur-site/index.jsp. Acesso em 13 out. 2017.

CARLZON, J. *A hora da verdade*. Trad. Maria Luiza Newlands da Silveira. Rio de Janeiro: Sextante, 2005.

CARVALHO, M. M. *et al*. "Implementação de programas de qualidade: um survey em empresas de grande porte no Brasil". Em *Gestão & Produção*, 13 (2), São Carlos,

---

maio-ago. 2006. Disponível em http://www.scielo.br/scielo.php?script=sci_arttext&pid=S0104-530X2006000200003. Acesso em 9 abr. 2016.

COLLINS, J. C.; PORRAS, J. I. *Feitas para durar: práticas bem-sucedidas de empresas visionárias*. 6. ed. Rio de Janeiro: Rocco, 1998.

DELUIZ, N. "Formação do trabalhador em contexto de mudança tecnológica". Em *Boletim Técnico do Senac*, 20 (1), pp. 14-25, Rio de Janeiro, jan.-abr. 1994.

DEMING, W. E. *Qualidade: a revolução da administração*. Rio de Janeiro: Marques Saraiva, 1990.

DIFERENÇAS culturais em um mundo globalizado e o jeitinho brasileiro. Em *Terceira Via*, Campos dos Goytacazes. Disponível em http://www.jornalterceiravia.com.br/noticias/editorial/39733/diferencas_culturais_em_um_mundo_globalizado_e_o_jeitinho_brasileiro. Acesso em 25 maio 2015.

DUARTE, T. "10 boas práticas para uma pesquisa de satisfação de clientes". Em *E-Commerce Brasil*, 27 jun. 2014. Disponível em https://www.ecommercebrasil.com.br/artigos/10-boas-praticas-para-uma-pesquisa-de-satisfacao-de-clientes/. Acesso em 26 jan. 2016.

GALINARI, R. *et al.* "Comércio eletrônico, tecnologias móveis e mídias sociais no Brasil". Em *BNDES Setorial*, n. 41, pp. 135-180, Rio de Janeiro, mar. 2015. Disponível em https://web.bndes.gov.br/bib/jspui/bitstream/1408/4285/1/BS%2041%20Com%C3%A9rcio%20eletr%C3%B4nico%2C%20tecnologias%20m%C3%B3veis%20e%20m%C3%ADdias%20sociais_.pdf. Acesso em 16 out. 2017.

GOLEMAN, D. *Inteligência social: o poder das relações humanas*. Rio de Janeiro: Campus Elsevier, 2006.

HARGREAVES, L. *et al. Qualidade em prestação de serviços*. 2. ed. Rio de Janeiro: Ed. Senac Nacional, 2001

HARRY, M. J. "Story". Em *Six sigma story*. Disponível em http://www.mikeljharry.com/story.php?cid=5. Acesso em 1º fev. 2016.

HASENCLEVER, L.; KUPFER, D. *Economia industrial: fundamentos teóricos e práticos no Brasil*. 2. ed. Rio Janeiro: Elsevier, 2013.

KAYO, R. "O que é mapa de empatia e para que serve?". Em *Blog Ramon Kayo*, 13 dez. 2013. Disponível em http://ramonkayo.com/conceitos-e-metodos/o-que-e-mapa-de-empatia-e-para-que-serve. Acesso em 18 mar. 2016.

KOTLER, P. *Administração de marketing*. Trad. Bázan Tecnologia e Linguística. 2. ed. São Paulo: Prentice Hall, 2000.

LOVELOCK, C.; WIRTZ, J. C. *Marketing de serviços: pessoas, tecnologia e resultados.* 5. ed. São Paulo: Prentice Hall, 2006.

MAGALHÃES, M. F. *Excelência competitiva: planejamento estratégico de terceira geração.* Rio de Janeiro: LTC, 2012.

_________. *Explicando marketing simplesmente.* Rio de Janeiro: Qualitymark, 2006.

_________; HASENCLEVER, L. "O fluxo circular da renda revisitado em uma perspectiva de sustentabilidade: os intangíveis e o posicionamento das organizações". Em *Seminário de Pesquisa IE-UFRJ*, Rio de Janeiro, 2013. 32 p. Disponível em http://www.ie.ufrj.br/images/pesquisa/pesquisa/textos_sem_peq/texto0705.pdf. Acesso em 15 abr. 2016.

_________; SAMPAIO, R. *Planejamento de marketing: conhecer, decidir, agir.* São Paulo: Pearson, 2007.

MASSINI, E. "SENAI de Santa Rita do Sapucaí - MG usa impressora 3D Stratasys em seu Laboratório de Prototipagem Mecânica e Design (LPMD)". Em *Blog Stratasys*, 17 dez. 2015. Disponível em http://blog.stratasys.com/pt-br/2015/12/17/senai-de-santa-rita-do-sapucai-mg-usa-impressora-3d-stratasys-em-seu-laboratorio-de-prototipagem-mecanica-e-design-lpmd/. Acesso em 16 out. 2017.

MENTZER, J.T. *et al.* "Developing a logistic service quality scale". Em *Journal of Business Logistics*, 20 (1), pp. 9-32, Columbus, 1999.

MIELKE, E. J. C. *Análise da cadeia produtiva e comercialização do xaxim,* dicksonia sellowiana, *no estado do Paraná.* Dissertação de mestrado em Engenharia Florestal. Curitiba: Programa de Pós-graduação em Engenharia Florestal - UFPR, 2002. Disponível em http://www.cocoverderj.com.br/tesecadeiaprodutiva.htm. Acesso em 24 abr. 2016.

NATALI, M. *Praticando o 5S: na indústria, comércio e vida pessoal.* São Paulo: Editora STS, 1995.

OSADA, T. *Housekeeping: 5S's Seiri, Seiton, Seiso, Seiketsu, Shitsuke: cinco pontos-chave para o ambiente da Qualidade Total.* São Paulo: IMAN, 1992.

PARANÁ. Secretaria Estadual da Agricultura e Abastecimento. *Relatório agropecuário safra 1997-1998.* Curitiba: SEAB, 1999.

PARASURAMAN *et al.* "A conceptual model of service quality and its implications for future research". Em *Journal of Marketing*, 49 (1), pp. 41-50, Fall 1985.

PEREIRA, N. *Método heutagógico de aperfeiçoamento de docentes.* Rio de Janeiro: Reciclar, 2013.

REICHHELD, F. *A pergunta definitiva: você nos recomendaria a um amigo?* São Paulo: Campus, 2006.

ROGERS, C. "A theory of therapy, personality, and interpersonal relationships, as developed in the client-centered framework". Em KOCH, Sigmund. *Psichology: a study of a science*, v. 3. Nova York: McGraw-Hill, 1959. pp. 185-256.

SENAC NACIONAL. *Qualidade em prestação de serviços*. Rio de Janeiro: Senac Nacional, 2013.

STIVANELLO, G. D.; ZIETLOW, M. G. "Características do povo brasileiro". Em Turismo Gislaine & Cia, 1º nov. 2009. Disponível em http://turismogislaine.blogspot.com.br/2009/11/caracteristicas-do-povo-brasileiro.html. Acesso em 10 jun. 2015.

O VALE DA ELETRÔNICA: história de Santa Rita do Sapucaí. Em *Portal Sindvel*. Disponível em http://www.sindvel.com.br/o-vale-da-eletronica/historia-de-santa-rita-do-sapucai. Acesso em 16 mar. 2016.

WOLFINBARGER, M.; GILLY, M. C. *Com.Q: dimensionalizing, measuring and predicting quality of the e-tail experience*. Irvine: Center for research on information technology and organizations, 2003. Disponível em http://citeseerx.ist.psu.edu/viewdoc/download;jsessionid=A1683A3DC0FEB11CE36FA34F40AF7D5D?doi=10.1.1.91.1042&rep=rep1&type=pdf. Acesso em 9 abr. 2016.

ZIGLAR, Z. *Top Performance: How to Develop Excellence in Yourself and Others*. Grand Rapids: Baker Publishing Group, 2005. Disponível em https://books.google.com.br/books?id=9u7MzoZN-gsC&printsec=frontcover&dq=ZIGLAR,+Zig.&hl=pt-BR&sa=X&ved=0ahUKEwjeyvr8idXWAhWFiJAKHQ33AuMQ6AEIRTAE. Acesso em 3 out. 2017.

Consulta a websites

http://www.xplane.com/. Acesso em 11 out. 2017.
http://www.fnq.org.br/. Acesso em 11 out. 2017.
http://www.inmetro.gov.br/. Acesso em 11 out. 2017.
http://www.esalq.usp.br/qualidade/cinco_s/pag1_5s.htm. Acesso em 11 out. 2017.
http://www.abnt.org.br/abnt/conheca-a-abnt. Acesso em 11 out. 2017.
http://portal.anvisa.gov.br/. Acesso em 11 out. 2017.
https://www.consumidor.gov.br. Acesso em 11 out. 2017.

Marcos Felipe Magalhães é presidente do Instituto SOI Excelência Competitiva, uma empresa dedicada a desenvolver soluções de gestão estratégica orientadas para competitividade e sustentabilidade. É criador do modelo de planejamento estratégico de terceira geração denominado Excelência Competitiva. Atuou como executivo por vinte anos na área de marketing e exerceu o cargo de diretor-geral de refrigerantes da Coca-Cola Indústrias – Brasil, da qual se tornou posteriormente fabricante autorizado em Goiás. Representou o Brasil no Comitê Internacional de Propaganda da The Coca-Cola Company. Além do mercado de consumo e varejo, tem ampla experiência em organizações de serviços, saúde, e-learning e tecnologia (World Bank, Cultura Inglesa, APPI, Pontocom, Módulo, Affero Lab), nas quais trabalhou com o desenvolvimento de novos produtos e soluções para o mercado nacional e internacional. Foi professor de marketing e planejamento estratégico na Fundação Dom Cabral/Universidad del Desarrollo (Chile). Atua como professor convidado e consultor em vários projetos empresariais, em parceria com escolas de negócios do Brasil (Instituto Genêsis PUC-Rio, UFRJ e Ibmec-Rio). Doutor em ciências em engenharia de produção pela Coppe-UFRJ e mestre em administração pela PUC-Rio, publicou muitos artigos em revistas, livros e congressos sobre estratégia empresarial e marketing. Em 2006, lançou o livro *Explicando marketing simplesmente*; em 2007, *Planejamento de marketing: conhecer, decidir, agir*. Seu trabalho mais recente, *Excelência competitiva: planejamento estratégico de terceira geração*, recebeu o Prêmio Oscar Niemeyer pelo Crea 2011.

www.ingramcontent.com/pod-product-compliance
Ingram Content Group UK Ltd.
Pitfield, Milton Keynes, MK11 3LW, UK
UKHW041644190726
13854UKWH00006B/2691

9 786555 365269